リーダーとチームを伸ばす
新EQマネジメント

組織の感情を変える

大芝義信
Ohshiba Yoshinobu

日本実業出版社

はじめに

組織には感情があります。本書は経営者やリーダーが自ら変わろうとし、社員に働きかけ、仕組みの変更をとおして組織の感情をよいものに変えていくための方法を解説するものです。その手法の核となるのが、ＥＱです。

まず、本書の構成を簡単に説明しておきましょう。

プロローグ「なぜいまＥＱなのか？」についての導入部分です。ここで強調しているのは、ＥＱがこれからのビジネスで必要とされる必須のスキルであるということと、それが必要なのはまず誰よりも経営者、リーダーであるということです。

パート１「ＥＱでなにが変わるのか？」では、プロローグを踏まえ私たちの意思決定や行動に影響を及ぼしている感情の仕組みと、それらをマネジメントするためのスキル＝ＥＱについてくわしく説明しています。また、ＥＱ力を高めることで身につく８つのコンピテンシー（ハイパフォーマー＝できる人の行動特性）を取り上げ、実効性のあるノウハウを紹介します。

パート２「経営者・リーダーがＥＱ力ではたす６つの役割」では、高いＥＱ力を持つリーダーと低いリーダーの具体像を示したうえで、有能なリーダーに求められる６つの役割について説明します。ＥＱを用いることで、それらに必要な能力をどのように磨いていくことができるのかを明らかにします。

パート3「組織の感情をデザインする」では、EQを組織運営に活用する方法を紹介します。組織運営の要となる「組織構築」「マネジメント」「採用」「人材育成」「昇給昇格、評価制度」をピックアップし、EQを取り入れた効果的な仕組みづくりを解説しています。

エピローグ「感情が人をつくる」では、これまでの議論を踏まえながら、「社員のセルフマネジメント能力の伸ばし方」を中心にガイドします。

EQは、すでにGoogleやYahoo!が採用したことで話題に上っていますが、日本の企業でも導入が始まっています。では、感情を活用するとは、どのようなことなのか。そしてEQはどのような方法で感情をマネジメントし、人を変え、会社を変えていくのか――それは本論でくわしく説明します。

私は組織の原動力は、経営者・リーダーが発揮するEQ力であると確信しています。そして組織の総力は、もちろん社員一人ひとりのEQ力にかかっています。

EQ力は後天的に誰もが、いますぐにでも伸ばすことができます。まずはご自身で体験し、ともに働く社員たちのマネジメントに活用するきっかけにしていただけるよう、本書をお贈りします。時代に相応しい個を生かすマネジメント、よりクリエイティブな人材育成を実現して、大らかに、ダイナミックに活躍する幸せなリーダーとなっていただきたいと願っています。

組織の感情を変える ◉ もくじ
リーダーとチームを伸ばす新EQマネジメント

パート2 経営者・リーダーが EQ力ではたす6つの役割

パート3 組織の感情をデザインする
組織のEQ力を上げる仕組み、仕掛け

エピローグ 感情が人をつくる

装丁　井上新八
組版　一企画

プロローグ

なぜいまＥＱなのか？

ビジネス界のリーダーたちはなぜいま、EQに注目しているのか

「社員に自発的な行動がみられない」「挑戦する意欲がない」
「問題ある社員のマネジメントにコストがかかりすぎて困っている」
「社員一人ひとりの資質や個性を伸ばすメソッドが見つからない」

経営者、あるいは組織内のリーダーとして、そんな悩みを抱えてはいませんか？

ビジネス界では、能力開発、自己啓発など、ビジネスパーソンのマインドセットや基礎的能力を根本から底上げし、パフォーマンスをアップさせるメソッドがさまざま脚光を浴び、あるものは定着し、あるものはすたれていくトレンドの変遷がありました。

そんな中、再び新たな注目を集めているのがEQ（Emotional Intelligence Quotient：感情知能指数）です。EQは感情をマネジメントすることによって、本人を無理なく望ましい行動に向かわせるための知識体系、マネジメント体系として確立されたものです。

１９９５年、心理学者でビジネス・コンサルタントのダニエル・ゴールマンが、この説を『Emotional Intelligence』という本にまとめて出版したところ、大ベストセラーとなりました。翌年には、日本でも『EQ こころの知能指数』というタイトルで発売されたので、ベテランのビジネスパーソンの中にはご存知の方も多いでしょう。

その後、世界のビジネスエリートが愛読するマネジメント雑誌『ハーバードビジネスレビュ

ー』誌に「リーダーの資質とは何か」「結果を出すリーダーシップ」というＥＱに関する論文が掲載されると、さらに大きな反響を呼びました。

ところが残念なことに、このとき日本ではいったんは大きな話題になったものの、広く経営者やビジネスパーソンに普及することはありませんでした。ＥＱの先駆者として活動していた方々の中に、企業経営の専門家が少なかったことが、その原因だったのかもしれません。

そのため日本では不完全な情報が広まり、ＥＱについてはたくさんの誤解が生まれました。

ＥＱの存在について知っているものの、「ＥＱがトレーニングで伸ばせるものだとは知らなかった」「ビジネスに活用できるとは思わなかった」という認識の人も多いと思います。

ＥＱはＩＱとは異なって、後天的に伸ばせる能力です。そしてそもそも「成功したビジネスパーソンはどのような能力に長けているのか」という研究から生まれたメソッドです。

ある調査研究では、トップエリートの90％はＥＱのスコアが高く、人生の目的を達成するにはＩＱよりもＥＱのほうが2倍も重要だと結論づけられています。

また現在では、『7つの習慣』の著者であるスティーブン・R・コヴィーが述べた「ＩＱが高いことは、成功するための必要条件ではあるが十分条件ではなく、ＥＱも高いレベルで備わっている必要がある」という考え方が広がり、ハーバード大学ビジネススクールをはじめ、エリート教育に活用されています。

さらにＥＱは、ＯＥＣＤ（経済協力開発機構）が主催した２０２０年の世界経済フォーラム

（ダヴォス会議）で「第4次産業革命の現代に必要とされる10の能力」のひとつとして取り上げられました。これをきっかけに、EQは新たな脚光を浴び、いまや企業での導入に拍車がかかっています。

会社を成長させるには、まずトップが成長すること

経営者がマネジメントに苦慮している企業では、社内に不満やイライラ、虚無感などが充満しているのを感じることがあります。

誰しも「不機嫌な職場」「覇気のない職場」「好意のない職場」で働きたいとは思いません。とはいえ、こういった空気を醸成しているのは、ほかでもない一人ひとりの社員です。そして、その社員たちにネガティブな感情をもたらしている原因は、経営者やリーダーにあると私は思っています。

組織には感情があります。これは「組織感情論」という経営学の一分野で説かれていることで、私自身、MBAのカリキュラムでこの考えと出合ったときには、少し意外な思いがしました。

しかし、組織には確かに感情があり、それが良好なものになれば生産性が飛躍的に伸びることを、いまでは経験から理解しています。

組織感情は社員一人ひとりの感情の集合体なので、多くの社員が特定の感情を抱いている場

合、組織はそれに支配されます。たとえば過半数の社員が「ウチの会社は明るい先行きを期待できない」「この会社で頑張っても報われない」などネガティブな感情を抱くと、その影響が全体に及び、組織全体の感情となってしまいます。

また、経営者の感情はダイレクトに組織感情の形成に関与します。

私は経営者の方に、会社の組織感情がどのような状態にあるか、しばしば質問します。「社員は、みんな機嫌よく、活気に満ちていますか？」というように、あえて漠然とした聞き方をするのですが、この質問をしたときイエスと即答できない場合は、やはり解決するべき問題が存在しています。

自社の組織感情を好ましいものに変化させるためには、まずは経営者やリーダーの感情を整えることが重要です。そしてそれにはＥＱが役立ちます。

社員の感情が変われば、会社が変わります。その好ましい影響は社内によいムードを醸成するだけでなく、作業品質や作業効率にも及びます。

経営者は大きな意思決定においても感情を味方につけ、より高い成果を出せるようになります。ＥＱは一人ひとりの感情をマネジメントするメソッドですが、まず経営者・リーダーが実践することでその効果は拡大し、経営にインパクトを与えるレベルのものになり得るのです。

マネジメントに忙殺される日々から卒業しよう

多くの経営者・マネジャーが、社員のマネジメントに苦労しています。コンサルティングでひとしきりお話をうかがった後、私が「もう社員たちのマネジメントではなく、会社を成長させることに集中したいですよね」、そんなふうに声をおかけすると、「そうなんです、社員のマネジメントをしたくて会社を作ったわけではないんです」「製品、サービスを作りたくて始めたんです」と力説されます。

なかには、マネジメントが得意ではないことを自分にも社員たちにも隠して、なんとかしのいできたけれど、気がつくと社員が辞めていく。頼りにしていた右腕が辞めていく。どうしたらいいのかわからないと深刻な表情で話す方もいます。

実際に、経営者が社員のマネジメントに貴重な時間や労力を浪費することは、非常に大きな問題です。しかし解決は決して難しいことではありません。社員たちに「自分をマネジメントするスキル」を身につけてもらえばよいのです。

社員たちにEQを実践してもらうと、ほかの方法では解決が難しい問題が改善されるだけでなく、さまざまな形の成長を促すことができます。

時代の先を見据えた革新的な発想をする。

経験したことのない新たな仕事に挑戦する。

目の前に立ちはだかった困難を乗り越える。

地道なタスクや意に沿わない業務を忍耐強くやり遂げる。

取引先を尊重しながら自社の要求を伝え、それを通す。

チームの和を保ちながら、厳しさをもってプロジェクトを進める――。

これらの実現には、どれも「感情」が強く関わっています。

たとえば「きっと大丈夫」「よし、何とかやってみよう」という健全な楽観性がなければ、革新的な企画を実行するどころか、発案することすらできません。また新たな仕事を与えられても、不安や怖れにつぶされてしまったら成果は出せないでしょう。さらに内発的なモチベーションを発揮することができなければ、気に入らない仕事を「嫌だな」「やりたくない」と先延ばしにしたり、雑におこなうなどして、ＱＣＤ（品質（クオリティ）・コスト・納期（デリバリー））に問題が生じます。そして共感性が欠如したままだと、取引先や同僚とのコミュニケーションにトラブルが起きます。

行動に対して重大な影響をおよぼしている「感情」を適切にマネジメントする能力を身につけてもらうことで、社員たちはこれまでには実現できなかった成果を手にするようになります。

また多くの社員がＥＱを実践すれば、その効果は爆発的に拡大します。

たとえささやかでも、人が変わっていく姿、成長する姿は、周囲の人々に対して驚きとともに強い印象をもたらします。そして、自分も変わることができるという確信や、変わろうという強い意思を呼び、好ましい変化がほかの社員へと広がっていきます。

さらに社員の間にEQという共通の指標、いわば共通言語ができるので、人に関する問題の理解、目標の設定、改善方法を、的確かつスムーズに共有することができます。その点も、組織全体のスピード感のある成長に大きく貢献します。

感情マネジメントの必要性とEQの効果

私は現在、自分が身につけたITと経営、そしてEQの知識をもって、さまざまな企業の成長のご支援をしています。

私のキャリアのスタートは、プログラマーでした。所属した「楽天」や「mixi」では技術的なバックグラウンドを活かして、エンジニアがいまだ数名しかいない頃から、企画・開発の推進や、海外開発拠点の業務プロセス策定、ブリッジなどを担当していました。「mixi」では全盛期にエンジニアのリーダーを務めたのがひとつの転機となり、その過程でEQと出合いました。

全国から招集した優秀なエンジニアをマネジメントしていくなかで、自分をさらに成長させる必要性を痛感してビジネススクールに入学し、その後「GREE」への所属を経て、MBAを取得しました。

ITと経営のスキルを身につけてからは、多くの企業からスカウトのオファーをいただきましたが、複数の事業をおこなっている企業で自分の経験の幅を広げ、可能性を試したいと考え、スタートアップ企業を選びました。ここで開発部門の執行役員ＣＴＯ（最高技術責任者）として東証マザーズ上場を経験できたことも、私にとって大きな体験でした。

私はもともと問題解決志向が強く、自分に向いている仕事だと自覚していました。そこで一念発起して、自分がコツコツと培ってきたスキルを、さまざまな企業の問題解決のために利用してもらおうと考えたのです。

そうしたいきさつがあって経営コンサルタントとして独立、株式会社グロースウェルを設立しました。ただし、スポットＣＴＯ（社外の最高技術責任者）として活動するうちに、私は自分が保有しているスキルだけでは解決が不十分な、人にまつわる問題に数多く遭遇しました。それどころか、**あらゆる問題はその原因を突き詰めると、ほとんどが「人」の問題**だったのです。

こうして、人を支援し、成長させるスキルを身につけたいと切実に思っていたとき、あらためてＥＱと出合いました。実はそれまでにもさまざまな能力開発、自己啓発などのリテラシーを学んだのですが、もっとも合理的でもっともパワフルだったものがＥＱです。

また、ＥＱのプロフェッショナルを養成する団体は当時から複数ありましたが、それぞれが提供するＥＱシステムや教育プログラムを検討し、強く惹かれた「シックスセカンズジャパン株式会社（Six Seconds® Japan）」を選び、知識の習得に努めました。

その後、現在まで５００名以上の方々にＥＱ面談を提供してきましたが、ＥＱはこれまでに取得したＩＴ、経営のスキルと同様に、企業の成長に大きく貢献できる貴重なメソッドだと強く実感しています。また同時に、ＩＴ、経営、ＥＱのスキルを統合することで、独自的かつ応用的な活用を実現することができたと密かに自負しています。

ＥＱによって経営者、リーダーの在り方と行動が変わり、社員の皆さんが変わり、それが業績に反映されていくプロセスを、私は日々、目撃しています。それは企業の成長を目指して支援をしている私にとって、非常に感動的な体験です。

本書は、この素晴らしい効果をひとりでも多くのリーダーにお伝えし、ＥＱをビジネスに活かすことで、想像もしていなかった未来を実現していただきたいと願い、ペンをとったものです。

パート 1

ＥＱでなにが変わるのか？

1-1 私たちの行動は感情に左右されている

EQは人を適切な行動に導く

私たちの言動はすべて、多かれ少なかれ「感情」の影響を受けています。たとえ自分は理性的な行動をとった、合理的な判断を下したと思っていても、そこには理性的な思考だけでなく、「感情」が作用しています。

たとえば、あなたが事業の拡張を見送ろうと決断したとき、「これは慎重に判断した結果だ」と思っていても、実は過去の失敗の経験から「不安」の感情が湧いていて、その影響で見送る判断をしたのかもしれません。もしそうだとしたら、重要なビジネス機会を逃してしまった可能性があります。

また決して小さくはない金額の投資を決断したとき、自分では「勇気を持って積極的な判断をした」と思っていても、実は前日に参加した経営者交流会で、イケイケドンドンの経営者から刺激を受け、その結果、是非の検討もそこそこに、焦って成果を求める行動に出てしまったのかもしれません。

あるいは部下から上がってきた企画を却下したとき、実はその部下に対する「相性が合わない」「どうも好きになれない」という否定的な感情があったため、冷静な判断力を失ってしまい、不当に厳しい評価につながったのかもしれません。

私たちのビジネスや日常生活は、小さな「決断」とそれに従った「行動」によってつくられ、それに見合った「結果」を手にしています。よって望ましい結果を得るには、これら一つひとつの行動を最適化することが必要です。

ところが適切な行動をとることは容易ではありません。「こうするべきだとわかっているのにできない」「こうしてはいけないとわかっているのにしてしまう」。人はしばしば、そんな状況に陥ります。さらに、どのような行動が適切（妥当）であるか理解できていないと、「なぜかうまくいかない」「いつも同じパターンで失敗してしまう」ということにもなります。これらの原因のほとんどが「感情」によるものです。

「感情」が行動に関わっている以上、「感情」に足を引っ張られないようにすること、そして「感情」を上手く使って適切な行動、最良の結果につなげることを意識したいところです。

まずは行動を決定づける「思考」と「感情」の関係を理解しておきましょう。

「思考」と「感情」がどのように行動につながるのか。そのプロセスは、次ページの図**1**のよう

図1　行動における思考と感情の関係

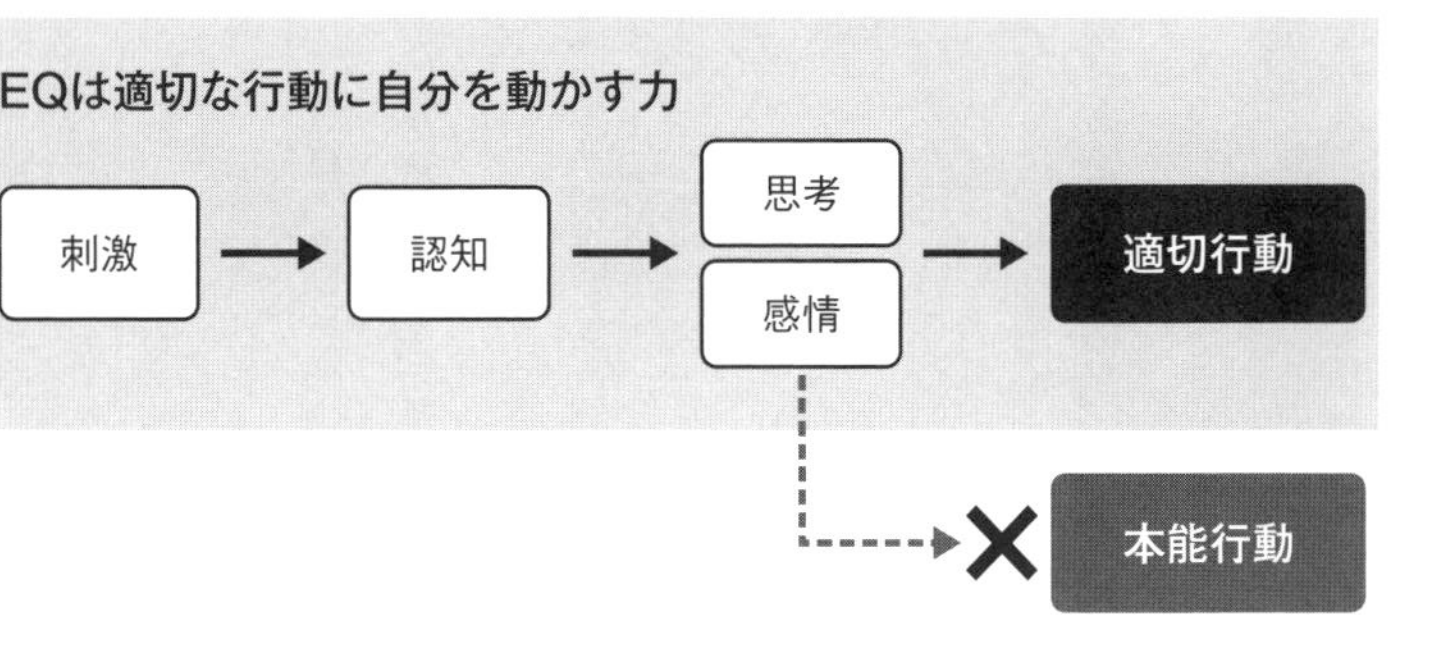

にとてもシンプルです。

たとえばダイエットをするとき、その手段としては食事制限、有酸素運動、脂肪燃焼効果を高める食べ物の摂取の3つに集約されると思います。この中の食事制限を実行するため、まず甘いものを控えようと考えます。この場合、甘いものを控えることが、適切な行動です。

ところがそんな決意をよそに、リビングからは甘い香りが漂ってきます。この刺激を受け、ケーキがあると認知します。食べないようにしよう、ここで食べてはいけない、そう言い聞かせますが、つい衝動的に食べたいという感情に負けて食べてしまう――。

このような場面で「今日だけ、我慢しよう」、あるいはさらにハードルを下げて「1時間だけ我慢して、まだ食べたいと思ったら食べよう」と思考を働かせることで、この残念な行動を回避することができます。

思考をめぐらせることで、衝動的な感情に打ち勝って、本能行動に向かわせない。これが、EQを高めると可能になります。このスキルが、ビジネスシーンにおいてどれほど役に立つものか、皆さんにはおわかりだと思います。

苦手な人とのコミュニケーションを避けてしまう。辛抱強く取り組むことができず、いつも投げ出してしまう。つい辛辣な言葉を人に浴びせてしまう――。感情に負けて好ましくない行動をとってしまうといったことは、どなたにもあるのではないでしょうか。

ＥＱを高めると、そういった自分の傾向に気づくことができます。そして感情をマネジメントして、適切な行動をとることが可能になるのです。

ではここで、自分の感情・思考・行動の傾向（＝癖）について少し考えてみましょう。

感情・思考・行動の癖も長所に変える

人にはそれぞれ個性があります。これはその人が持って生まれた資質に加え、感情・思考・行動の癖が、ある程度、固定化されたものです。

「あの人は柔軟な発想力で画期的な企画を生み出すけれど、どうして自分は頭が固いのか」「自分は企画力と行動力はあるけれど、どうしても緻密さが欠けていて失敗しやすい」、そんなふうに自分の欠点、短所に意識が向くこともあると思います。

基本的な考え方としては、たとえそれが短所のように思えても、個性それ自体は「自分に恵まれた才能」として受け止めるべきものです。実は短所、欠点と思われる個性も、程度を調整すればかならず長所になり得ます。

たとえば「頑固な人」は、その頑固さを少しやわらげることで「信念を持つ人」になります。一方「覇気がない人」は、それを多少なりとも前向きに改めることで、「謙虚で調和的な人」に変わることが可能です。これは決して言葉遊びではなく、実際にＥＱによってそのように在り方が変化することを、私は数多く目の当たりにしてきました。代表的なパターンを挙げておきましょう。

「優柔不断な人」→「慎重で思慮深い人」
「社交性がない人」→「独立心がある人」
「口うるさい人」→「世話好きで指導力のある人」
「利己的な人」→「主体性がある人」
「辛辣で言い方がキツい人」→「歯切れがよく分析力が高い人」
「気分屋な人」→「軽妙で臨機応変な人」

しかし、人は欠点を克服しようとするとき、しばしば目標を誤解してしまいます。たとえば「行動・動作が遅い人」は、子どもの頃からしょっちゅう「もっとテキパキ動きなさい」と叱られてきたため、自然と自分の個性とは相容れない「テキパキした人」を目指さなくてはいけないと思い込みがちです。しかし同時に「そんなことは無理だ」と直観的に察するため、欠点の克服はなかなか実現しません。

「行動・動作が遅い人」は、「テキパキした人」になる必要はありません。その「遅さ」を少し改善して、「丁寧に行動する人」「何事にもじっくり取り組む人」を目指せばよいのです。これが自分らしい個性を活かす道になります。

もちろん、このように自分を変化させるためには一定の努力が必要です。

まず自分の現状を知って問題点を発見し、「変えるべきだ」と理解すること。さらに「変えたい」と強く望むこと。次にどのように変えるべきか「正しいゴール」を知ること。そして、正しいゴールに到達するための適切なアクションプランを持ち、実行すること。

ＥＱではこのプロセスの全体をガイドしますが、ポイントになるのは、「自分を変えたいと強く望むこと」。やはり「感情」が鍵になるのです。

自分の欠点について、「嫌だな」「困った癖だ」と思っているだけでなく、その欠点が周囲の人にどのように不快な思いをさせたり迷惑をかけたりしているか、そしてそれが自分にとってどのように深刻なダメージになっているかをつぶさに理解して、「自分を変えたい」「もうこんな自分から卒業しよう」と心底から思うことが、変化のエネルギーになります。

具体的な方法は後にお伝えしますが、まずは「感情」について、もう少しくわしく理解を進めていきましょう。

感情は成長と成功のリソース

感情と上手につきあうには、まずリテラシーを高めること。つまり感情の種類やその仕組みについて熟知することが大きなポイントです。

「いま、自分の心を乱している、この苦しい感情は何なのか?」、その正体を正確につかむことができなければ、感情をうまく手なづけたり、消化したり、あるいは別の感情に昇華させることはできません。そして感情の仕組みを知らなければ、たとえば「イライラ」が「怒り」「激怒」に悪化する前に対処することも、「不安」が「心配」「恐怖」に悪化する前に対処することもできません。

心理学者のロバート・プルチックによると、人間など、ある程度高等な動物には、8つの基本感情があるといわれています（**図2**）。「喜び」「悲しみ」「信頼」「嫌悪感」「心配」「怒り」「驚き」「予測」の8つで、これは一次感情と呼ばれます。

図2ではさまざまな感情が、一輪の花のように描かれています。8つの花びらは、それぞれの基本感情を表し、ひとつの花びらにはその基本感情と同質の感情が収まっています。たとえば「苛立ち」「怒り」「激怒」は同質の感情です。

また花びらは3層に分かれていますが、花の中央、つまり色が濃いほうに向かって、その感情が強くなっています。「怒り」の花びらでいうと、もっとも弱いレベルが「苛立ち」、それが強度を増すと「怒り」に発展し、さらに強まると「激怒」になります。

図２　プルチックの感情の輪

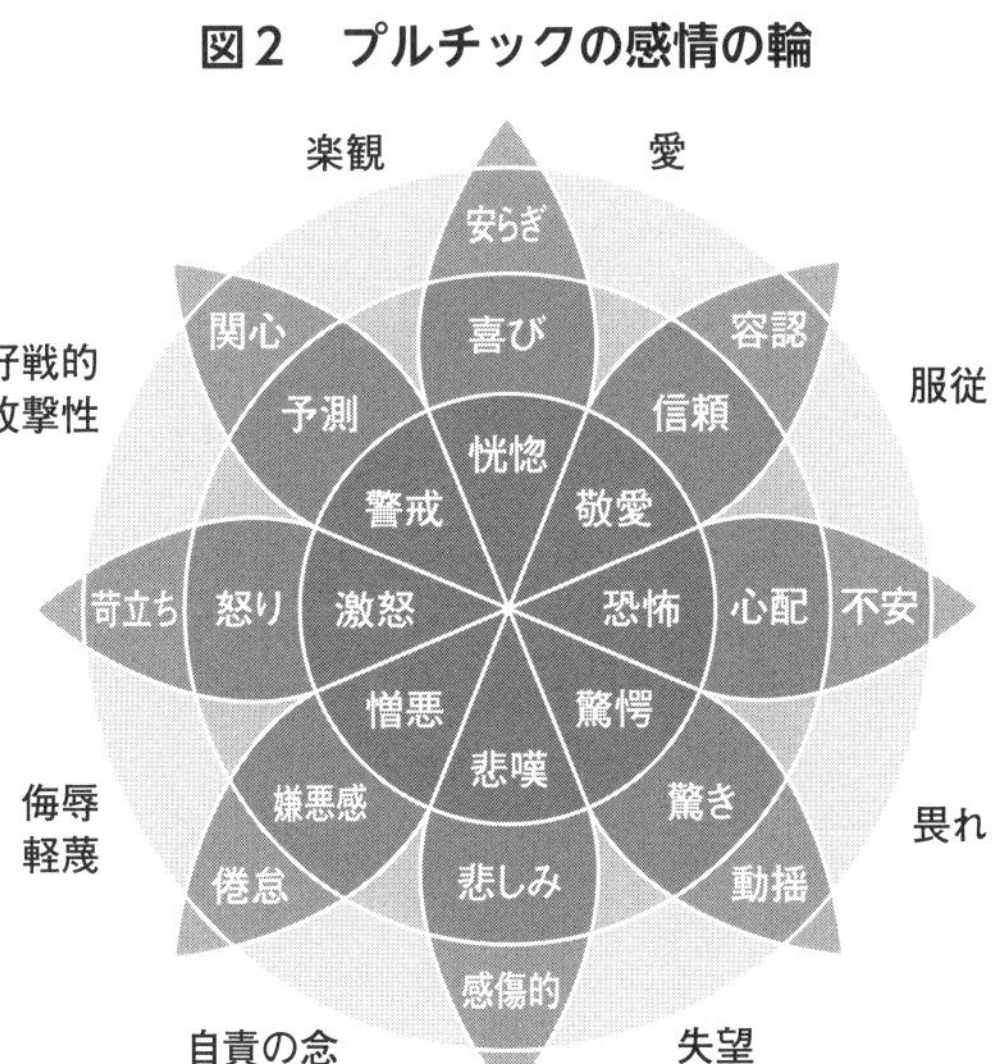

このモデルでは、花びらの位置にも意味があります。それぞれの花びらの正反対の位置にある感情は、反対の感情を示しています。「怒り」の反対には「心配」があり、「信頼」の反対には「嫌悪感」があります。

さらにこのモデルでは、花びらと花びらの間に感情を示す言葉が書かれていますが、これは両脇にあるふたつが重なったときの感情で、「二次感情」と呼ばれています。「信頼」と「喜び」が同時に発生して交じり合うと「愛」になり、「信頼」と「心配」が交じり合うと「服従（的感情）」になる、ということです。二次感情は、プルチック博士によると、人間にしか持ちえない感情だといわれています。

そのほか感情の特性について、大切なポイントを挙げておきましょう。

■理性で感情を変えるには6秒かかる

たとえば怒りの感情が脳内の「大脳辺縁系」で生まれると、それを「前頭前野」が抑えようと動き出します。しかし感情の発生から理性の発動までには、最短で6秒程度の時間がかかります。そのため、この間は感情が適切なコントロールを受けず、そのまま表現されてしまいます。これを避けるため、「怒りが生じても6秒間は反応しない」と心がけると、理性の抑制が効いた、上手な怒りの表現が実現できます。

■8つの基本感情は不快なものが多い

基本感情を「快」「不快」で分けてみると、快であるものは「喜び」と「信頼」のみ。その一方、不快な感情は「悲しみ」「嫌悪感」「心配」「怒り」、そしてどちらでもない感情は「驚き」「期待」です。内訳だけをみると、不快な感情が多いのですが、これは生存するためには危機を察知することが重要だからです。つまり不快な感情はそもそも非常に有益なもので、日常生活の中でも意味があって発生しています。

■どんな感情も正反対の感情には移行しにくい

8つの感情が、それぞれ正反対のものと対になっていることはお伝えしたとおりです。「喜び―悲しみ」「信頼―嫌悪」「心配―怒り」「驚き―期待」ですが、これら対になっている感情同士は、簡単には移行しにくい性質があります。たとえば、嫌いな相手を信頼することが難しいことは経験上、知っている方が多いでしょう。また怒っているときは、心配することができません。

■感情には強度があり、弱いレベルのほうが変化しやすい

感情は、段階を踏んで強度を増し、様相を変化させていきます。たとえば「不安」→「心配」→「恐怖」、別の例では「感傷的」→「悲しみ」→「悲嘆」です。悲嘆に打ちのめされている人や、恐怖に襲われている人をなだめても落ち着かせるのが難しいことは、ご存知のとおりです。感情が強く育ってしまう前の段階で兆候をつかみ、対処することが大切です。

感情に振り回される人、こじらせる人の残念な現実

感情は、実際には非常に微妙で複雑なものです。そのため十分なリテラシーがないと、自分が抱いている感情が何であるのかわからなかったり、誤解したり、その感情を認めたくないために無意識に歪曲して別の感情だと思い込むこともあります。

たとえば「自分はいま、猛烈に怒っている」と思っていても、実はその怒りのうちに、ほかの感情が潜んでいることは珍しくありません。

自分の意に沿わない降格、出向などを命じられた人は、強い怒りを感じることがあると思い

ますが、たいていの場合は「不適切な人事だ」「理不尽だ」など、「正しくないことがおこなわれた」「だから自分は怒っている」と自分の感情を解釈します。

でもその怒りのうちには、「失望」「裏切られたという思い」「立場を失った悲しみ」「屈辱感」「敗北感」など、ほかの感情が交じり合っています。それを認めることがつらいので、多くの場合、無意識に「自分は理不尽な出来事に対して怒っている」と考え（感じ）てしまうのです。

このように自分の感情を捉え損なったままだと、不快な感情がいつまでも残り続けて苦しい思いをしますし、感情の状態が悪化して「恨み」「意欲の喪失」「人生への絶望」「世の中への不信」などにつながってしまうこともあります。不快な感情が消化不良を起こすと、その悪影響が大きく広がり、こじれた形で長く続いてしまうのです。

ほかの例でいうと、「屈辱感」「嫉妬」も、同様に本人が曲解しやすい感情です。「屈辱的だ」「自分は嫉妬している」と認めること自体が、やはり本人にとって非常につらいからです。そのため無意識のうちにこの感情を否認して、「あの人は失礼なことをした。正しくない」「あの人は高い評価を受けているけれど、それは正当なものではない」など、「合理的な理由のある怒り」として誤認してしまう傾向があるのです。

このようなときも素直に「自分はすごくみじめな思いをした」「やっぱり嫉妬の気持ちが湧いてしまう」と自分に認め、また親しい人に打ち明けるなどして感情を吐き出すと、解消されやすくなります。

不快な感情に対する「適切な対処」の第一歩は、感情をありのまま、正しく認識することです。自分の心に湧いた悲しみ、敗北感、屈辱感など、認めることがつらい感情でも受け入れ、認識する。それだけでも不快さが自然と解消していくことが多いものです。本人が理解することで感情が〝成仏〟する、と言ってもいいかもしれません。

それにはまず、感情を表す言葉を豊富に知っていることが重要です。

というのも、私たちは心に湧いた感情を言葉でラベリングすることによって初めて、認識できるようになるからです。たとえば「嫌い」という言葉を知らないと、目の前に嫌な人が現れても、なんとも言えない不快な気持ちを味わうだけです。それを「嫌い」という言葉のラベルを貼ることで、「嫌いだな」という感情を認識します。

同じように、同期入社した同僚が、自分よりひと足先に役職についたニュースを知ったとき、心の中に湧いたそのモヤモヤとした感情が「嫉妬」なのか「羨望」なのか、それとも別の感情なのか、私たちは言葉によって認識します。そのため、複雑、繊細な感情を把握するには、その感情を表す言葉を知っておく必要があるのです。

感情を識別することは、感情マネジメントの第一歩なのです。次の一歩では、感情に関する知識が役立ちます。たとえば「嫉妬」という感情は「不安」「恐れ」「怒り」など、複数の感情で構成されています。これを知っていると、自分の「嫉妬」にはどの感情が強く潜んでいるかを洞察し、「自分は、本当は不安なのか」と、根本にある感情を掘り起こすことができます。

このように豊かな言葉と感情に関する知識を持っていると、自分の感情の正体をつきとめ、原因に到達し、問題を根本から解決する糸口をつかむことにつながります。

「感情をマネジメントする」とはどういうことか

感情のマネジメントは、誰もがある程度、自然におこなっているものです。ただし、これを確かなリテラシーとして意識的におこなえるかどうかが重要です。もし身につけることができれば、あなたをリーダーとして確実にステップアップさせる、力強いスキルになります。

では「感情マネジメント」とは具体的にどのようなことなのか、ひとつ身近な例を挙げましょう。

電車の中で、つかみ合いのケンカをしている場面を見かけたことがあります。

最初その男性は、隣にいた若者のカバンが自分の身体に何度も当たって、イライラしている様子でした。そのたびに当たったカバンや相手の顔をにらみつけてアピールしていたのですが、とうとうその若者に「カバンがぶつかっているので気をつけてください」と注意しました。

男性はそのとき、注意したら「すみません」のひと言が返ってきて、以後、気をつけてくれるだろうと期待していたわけです。ところがその若者はイヤホンを付けて音楽を聴きながら、チラッと横目で見るだけで無視をしました。それで怒りが爆発して、「何なんだ、その態度は！」とつかみかかってしまったのです。

一般的に、激怒した段階では、その感情を抑えることは困難です。しかし怒りには段階があって、「イライラ（苛立ち）」↓「怒り」↓「激怒」と進みます。このうち最初の少しイライラしている段階であれば、比較的簡単に気持ちを鎮めたり、適切な行動をとって感情の悪化を回避したりすることが可能です。

このシチュエーションでいえば、カバンを何度もぶつけられている段階で自分がイライラしていることに気づき、怒りや激怒に悪化させないよう思考をめぐらせ、適切な行動をとる、つまり隣の車両に移るなどすれば、解決できたはずです。

一方、この場面で「相手に注意する」という行動は、「感情をマネジメントする」という観点からみると、残念ながら適切とはいえません。なぜなら結果が、「相手の反応」に依存しているからです。相手が素直に謝罪してくれれば解決しますが、そうでなければ解決をみることはできません。現にこのケースでは、誠意のない失礼な対度をとられて、「イライラ」を「激怒」にまで悪化させてしまっています。

では視線をオフィスに移して、同じ「怒り」のマネジメントのケースをみていきましょう。こちらは前述の「急性」「一時的」な怒りではなく、「慢性的」な怒りの問題です。

怒りっぽい人がひとりいるだけで、組織にはさまざまなやっかいな問題が起こります。以前、ある会社の経営者の方から、「ＣＴＯが怒りっぽくて困っている」という相談を受けました。

たとえばウェブディレクターがＣＴＯのもとにやってきて、ある作業をして欲しいとお願いすると、「どうしてマニュアルにしたがって、きちんと作業依頼の手順を踏まないんだ。だいたいその作業は、手順を飛ばすほど急いでおこなう必要があるのか」と厳しく怒られてしまうと言います。一事が万事この調子なので、会社の雰囲気は悪くなり、急いで進めようとしているIT化もなかなか進みません。

経営者の要望は、「長期的な視点でみれば、そのCTOに辞めてもらい、別の人を入れる選択肢もあるけれど、できれば現状の人員で回す方法を考えてもらえませんか」というものでした。

そこで、その怒りっぽいCTOと面談したところ、行動の意図と背景がわかりました。

「私がどんな依頼でもハイハイと受け入れてしまったら、それをみた部下が同じ対応をするようになる。そのうちに技術部門は、社内で〝下請け〟のように扱われてしまうでしょう。そうなったら私の部下たちが誇りをもって働くことができません。だから彼らを守るつもりで、わざと強めの態度で依頼を突き返していたのです」ということでした。

たしかにそのようなケースはよく耳にします。他部門から急な作業を無理強いされたり、依頼内容が雑であったり、「つべこべ言わず、頼んだことをやってくれればいいんだよ」というような高圧的な態度をとられたりといったことが常態化してしまった技術部門の人々は、日常的に不快な思いを強いられます。CTOには、「絶対にそのようにはさせない」という強い思いがあったのです。

ところが当初は意図があって厳しい態度をとっていたものの、それがいつの間にか癖になってしまい、いまでは強く当たりすぎていることに、当人も悩んでいる状態でした。このように、習慣的にとっていた行動が性格のようになってしまうケースはしばしばあります。

そこで「部下が誇りを持って働き続けられる環境を守る」という目的は、とても素晴らしいものだと思うとお伝えした上で、現在の行動については、ほかの社員や会社にとってメリットがないだけでなく、自分自身にとってもダメージが大きい問題であると伝えました。

ＣＴＯは深く理解され、自分の行動を改めようと決意されました。そこで私は「目的をはたすための適切な行動」として、「丁寧に断ること」を提案しました。

それまでは急な依頼、雑な依頼をされると反射的に怒りが生じ、そのまま態度に表していましたが、「思考」を使って「感情」をマネジメントして、丁寧に断るよう「行動」を変えていこうというプランです。

ＣＴＯが行動を変えるのは、そう難しいことではありませんでした。自身のパターン化した行動によるデメリット、「感情」をマネジメントする方法、とるべき適切な行動をしっかり理解されたからです。

その結果、社内の人々からは「性格が変わったようだ」と歓迎され、またＣＴＯ自身も怒らない対応をすることが快適であるだけでなく、さまざまなよい波及効果があることを実感されて、その後、怒りを爆発させるようなことはありませんでした。

「感情」のマネジメントひとつで、本人がそれまでの苦痛から逃れられることはもちろん、人間関係、社内のムード、そして生産性まで変化が及んでいきます。とてもシンプルですが、実は会社を変える力をもったメソッドなのです。

また、こうしたケースでは、ＣＴＯに怒りの態度の理由を尋ね、対話を重ねたことが重要であることは言うまでもありません。

1-2 ハイパフォーマーの8つのコンピテンシー

コンピテンシーは成長の道しるべ

ＥＱは感情をマネジメントする能力であると述べてきましたが、その構造について、もう少しくわしく説明しましょう。ＥＱのコンピテンシー（ハイパフォーマーの行動特性）は、大きく「感情を知る能力」「感情を選ぶ能力」「感情を活かす能力」に分類できます。

そして、この3つの能力をさらに細分化すると、以下のように8つの能力に分けられます。

【感情を知る能力】

①感情のリテラシー

感情に関する知識を持ち、自分や他者の感情を、単純なものから複雑なものまで、正確に認識し解釈する能力

②自己パターンの認識

無意識のうちに、自分が習慣的に繰り返している反応や行動を認識する能力

【感情を選ぶ能力】

③結果を見すえた思考

自分がとろうとする行動について、そのメリットとデメリットを、実際に行動をとる前に考えられる能力

④感情のナビゲート

感情を戦略的なリソース（情報資源）としてとらえ、自分の感情を評価し、それを活かしたり別の感情に変化させたりする能力

⑤内発的なモチベーションの形成

報酬や見返りなど、外から与えられるモチベーションではなく、自身の価値観や責任感を源泉とした、内面から湧き上がるエネルギーを生み出す能力

⑥楽観性の発揮

希望や可能性を信じて、自分から前向きな展望を持てる能力

【感情を活かす能力】

⑦共感力の活用

周囲の人々の感情を理解し、それに適切に対応する能力

⑧ノーブルゴール（人生の道しるべとなる目標）の追求

人生に大きな目的を持ち、日々の活動はその大きな目標達成につながるものだと理解して行動すること

以上の8つの能力は、ビジネスパーソンとしてのパフォーマンスの高さと人間性の豊かさを決定づける、とても重要な要素です。EQではこれをハイパフォーマーの特性＝コンピテンシーとして、EQ力を評価する指標に用いています。

それでは「8つのコンピテンシー」が実際にどのように役立つのかをみてみましょう。

【感情を知る能力】自分の「感情」と「癖」を理解する

①感情のリテラシー

感情のリテラシーは、感情をマネジメントする上で、もっとも基本となる能力です。

この能力を高めるには、感情を言い表す豊富な言葉を知っておくことと、感情の性質、関係

性などを理解しておくことが重要です。

その上で、自分の感情をつねに意識する癖をつけると、本能的な行動に走って失敗することが少なくなっていきます。

とくに意思決定をするときや、ミスが許されない重要な作業をおこなうときには、「自分にはいま、どのような感情が湧いているか」「その感情の悪影響を受けていないか」を、一瞬、立ち止まって確認するようにします。

このスキルが身につくと「自分はいま、気が大きくなっているから、決裁は幹部の意見を聞いて慎重におこなおう」「大きな不安を抱えてソワソワしているので、重要書類の作成は後回しにしよう」「いまはイライラしているから、気持ちを落ち着かせてから社員の報告を聞こう」など、リスクの回避行動をとることができます。

また「いま、どうしてもこれを言いたい」「これをしたい」などの衝動が生じたときも要注意です。衝動は強い感情そのものなので、即座に行動に移してしまうことは危険です。

たとえば誰かに対して「どうしてもこれを言いたい」という衝動が起きたときは、怒り、嫉妬、屈辱感、恥ずかしさ、あざけり、自己顕示欲など、好ましくない感情が下地になっていることが多いものです。

一方、感情のリテラシーがある人は、たとえ「自分の意見を失礼な言い方で否定されて、腹が立った」という場面でも、売り言葉に買い言葉ですぐさま反論したり、無視したりはしません。理性を働かせて、感情をマネジメントします。

そして、たとえば「あえてニッコリと大らかな態度で、相手の話を聞いてみよう」と考え、「自分はそうは考えなかったが、あなたの意見をくわしく知りたいので聞かせてもらえるかな」と穏やかに返します。

すると、実は相手の言い方は悪かったものの、意見自体はとても有益なことがわかり、「言ってもらえてよかった」という結末になるかもしれません。あるいは大らかな態度に相手が反応して、態度を改めたり、「失礼な言い方をしました」と、謝罪するかもしれません。

怒りにまかせて「相手をねじ伏せてやろう」と語気を荒げて反論した場合とは、まったく異なる結末が実現します。

コミュニケーションは相互的なものなので、自分が変わることで、相手の反応も変わることはめずらしくありません。リテラシーが高い人は、感情に振り回されずに行動することで、自分で環境を快適なものに変えていけるのです。

②自己パターンの認識

人は知らずしらずのうちに、物事の考え方や感じ方、出来事に対する反応、行動がパターン化していることが多いものです。そのパターンが好ましい結果をもたらしているならよいのですが、そうではない場合、すぐにでも変える必要があります。

しかし、そもそも自己パターンを認識できていなければ、いつまでも同じ過ちを繰り返してしまうことになります。

仕事やプライベートの約束に、しょっちゅう遅刻してしまう。頼み事をされると、嫌でも断ることができず、いつも引き受けてしまう。人に辛辣な言葉をぶつけてしまい、人間関係を悪化させたことが何度もある——。

このように「いつも」「しょっちゅう」「何度も」「毎回のように」してしまうことが、自己パターンです。仕事にも日常生活にも非常に大きな影響がおよびますが、気づくことさえできれば、「思考」の力を使って改善を進めることが可能です。

たとえば「毎朝、走ろう」と決めたのに続かないといった経験は、だれしも身に覚えがあるのではないでしょうか。たいていの場合、続かない理由は「面倒だな」「サボりたい」という感情に負けて、「本能的な行動」をとってしまうためです。

これを防ぐには、「思考」を働かせます。この場合は「何のために走るのか」を明確にして自分の感情をかき立てると、サボらず走れるようになります。「毎朝、走ろう」と決めた人には、健康になりたい、痩せたい、筋力をつけたい、爽快な気分を味わいたいなど、そもそも動機があったはずです。その動機を明確にして、行動を起こすのにふさわしい感情を湧き立たせるよう自分を操縦します。

【感情を選ぶ能力】自分の意思で最善の道を選ぶ

③結果を見すえた思考

これは結果に対するシミュレーション能力で、日々の感情マネジメントをおこなう上でも欠かせないスキルのひとつです。

たとえば「怒り」はとてもパワフルな感情で、強い意思がないとつい押し流されてしまい、怒鳴ったり、荒々しい態度をとったり、激しい形で表現されてしまうことがあります。

でも怒りを感じたときに「いま、ここで言葉を荒げたらどんな結果になるだろう？」とシミュレーションすることができれば、「そんな結果は望まない」「そうならない行動をとろう」と思考が働き、よりよい行動を選択し、よりよい結果を手にすることができます。

「結果を見すえた思考」は、感情に流された「本能行動」を思いとどまるための、もっともシンプルかつ重要なテクニックなのです。

また私たちは、つねに意識的に活動しているのではなく、無意識に行動している場面も数多くありますが、ビジネスにおいては先を見通す能力が求められます。

いま、自分が下す判断が、後になってどのような形で現実化するか。メリットは何で、デメリットは何か。そのシミュレーションを完璧におこなうことは不可能ですが、可能な限り把握するよう努めることが、最善の判断に近づく道です。

④感情のナビゲート

「適切な行動」に向かわせる感情を意図的に作り出したり、その場にふさわしくない感情を変化させたりする能力を、感情のナビゲーション能力と呼んでいます。仕事に取りかからなくてはならないときの「さあ、仕事に取り掛かろう」という気持ちや、休日に「仕事を忘れて思いきり休もう」という気持ちを、意識して創り出す力です。

感情はひとつの重要な資源ですが、この能力を持つ人は、そのことを理解し活用しています。そのときどきの自分の感情を評価し、「適切な行動」をおこなう上で有用な感情なら利用し、邪魔をする感情なら、それを変化させます。

たとえば何人かの同僚とランチに行き、お昼休みを終えて会社に戻ってきたとき、この能力を持つ人は13時から「さあ、やるぞ」と仕事をスタートさせることができます。しかしこの能力がないと、仕事モードへの切り替えができず、やる気が出ないままデスクのＰＣでネットサーフィンをして、さらにその後に喫煙室で一服したり、コーヒーを買いに行ったりし、ようやくスタートできたのが14時……ということになってしまいます。

仕事では、自分がやりたくない業務であろうと、気分がのらない状態であろうと、集中力を持って全力でおこなわなければなりません。そのような場面でしっかり自分をマネジメントできるよう、感情のナビゲーション能力を伸ばすことが大切です。

⑤内発的なモチベーションの形成

モチベーション、つまり行動する動機の源泉には、外発的なものと内発的なものがあります。

外発的なモチベーションは、「行動すると報酬がもらえる」「ほめてもらえる」「認められる」、あるいは「行動しないと罰を与えられる」「損をする」など、評価・賞罰・強制といった外部からの刺激が動機づけになっています。

それに対して内発的なモチベーションは、「これをしたら絶対、面白い」「楽しそう」「どんなものかやってみよう」「やりたい」「これをすることが幸せだ」など、興味・関心・好奇心・探求心・やりがいという、内部からの刺激が源泉です。

両者を比較すると、外発的モチベーションは外部要因に左右されるため不安定で、どのような場合にもこれを頼りにする、ということはできません。「正解がある仕事」、あるいは「定型業務」の場合には有効です。

他方、内発的モチベーションはあらゆる場合に有効で、「モチベーションが長続きする」「行動した結果が望ましいものでなくても、精神的にダメージを受けない」「心の満足度や充実度が高い」という特徴があります。

というのも、内発的モチベーションは行動自体が目的となるため、高い集中力とやる気が長期間、持続するのです。

また内発的モチベーションは、たとえ期待していた結果にならなくても、やる気が低下することはあまりありません。行為そのものに意義を見出しているので、自分の探究心ややりがいをもって、新たなチャレンジに着手できるという面があります。

さらに、他人から認められないストレスや葛藤が、外発的なモチベーションよりも少ない傾向がみられます。自発的な動機に発しているので、外部の反応はあまり気にならず、心の満足度や充実度が高い状態でキープされるのです。

内発的モチベーションをしっかり形成できる人は、仕事の重要性や自分の責任感をもとに、自分で自分を動かすことができます。実際にビジネスで優れた結果を残す人は、報酬や名誉などの外的要因のみを動機としません。

⑥楽観性の発揮

楽観性とは「ポジティブな結果を期待する」傾向のことです。楽観性を発揮している人は、成功することを前提に行動します。そのため大きな目標に挑戦することができ、また困難に遭遇したときにも、それを乗り越えるために行動することができます。

楽観性が発揮できる人は、無人島にひとり流れ着いた状況でも絶望することなく、筏(いかだ)を作ったり、上空から見つけてもらえるよう地上の目立つ場所に流木などで「ＨＥＬＰ」の文字を作ったりして、事態の改善を図ろうとします。

反対に「悲観性」が強いと、挑戦の機会や困難に陥ったとき、「どうせ何をやってもムダだ」

などと、できない理由、やらない理由を作り出して逃げる傾向があります。社内にそのような人がいると、組織としての強靭さや柔軟性を損なってしまう恐れがあります。

ただし「楽観性」と「悲観性」はバランス、そして状況に応じた使い分けが重要です。慎重にならなければいけない場面で楽観的になってしまったら失敗します。また悲観性が役立つ場面もあります。

これらのマネジメントに長けている人は、楽観性を「革新的な発想をするとき」「意欲を高めるとき」「スタートを切るとき」「障害に対処する場面」で使い、悲観性を「ネガティブシミュレーション」「緻密なリスク対策の実行」に使っています。

つまりどちらも有用な能力なのですが、基本的には「楽観性を発揮できる人」であること、そして楽観性と悲観性を意識的に使い分けできることが重要です。

【感情を活かす能力】自分だけでなく「すべてにとってよい」を実現する

⑦共感力の活用

共感力は、一般的に「他者の気持ちに寄り添い、理解する能力」と考えられています。たとえば、努力しても報われない同僚がいた場合に「つらいだろうな」「気の毒だ」と感じ取る能力です。

ただしEQでは、他者の「感情」だけでなく「状況」を理解することも含めて共感力ととらえています。またこの能力は多くの人が持っていますが、ＥＱではただ感じ取るだけでなく、これを「活用」できているかどうかが問われます。

報われない同僚にさりげなく声をかけて話を聞いてあげたり、彼の努力を上司の耳に入れたり、事態がよくなるよう行動に移せるかどうかがポイントです。つまり、他者の感情を深く理解して受け入れるだけでなく、しっかりと把握した上で状況を判断し、適切な対応をおこなえることが「共感力の活用」です。

共感力を活用している人は、相手から「この人なら自分の気持ちを理解してもらえる」と信頼を寄せられるでしょう。また仕事のさまざまな場面で、他者の感情を察し、状況を調整することができます。

反対にこの能力が乏しいと、「自分本位」「自己主張が強い」「後先を考えない行動をとる」「他者をコントロールしたがる」などの傾向がみられます。当然ながら、社内の人間関係に問題が生じるでしょう。

⑧ノーブルゴールの追求

ノーブルゴールのノーブル（noble）は、「崇高な」という意味です。ノーブルゴールは「自分は人生を通じてどのような人間になりたいか」という、崇高で明確な目標です。

自分なりのノーブルゴールを見出している人は、それを日々の活動と結びつけて行動することができます。「自分の目的」と「仕事の目的」の合致点を自然と見出して「いまやっている仕事は、自分の目標達成につながるプロセスだ」「これをおこなうことが、自分をゴールに導いてくれる」と考え、目の前の仕事に対して意欲的に、喜びや満足を感じながら向き合うことができるのです。

一方、ノーブルゴールが明確でない人にとって、仕事は「自分のためのもの」ではなく、「やらされているもの」です。誰でも、仕事を「ただの作業」「この作業をやり終えることが目的」としか考えられなかったら、そこにやりがいや幸せ、満足を感じることは難しいでしょう。

自分のノーブルゴールを見出すには、「理想的な自分」「理想的な家族」「理想的な仕事や、地域・社会とのかかわり方」「理想的な友人」という4つの視点を持つことが助けになります。

1-3 いますぐできる「8つのコンピテンシー」の強化策

ＥＱを効果的に伸ばすには、やはりサーベイ（検査）をおこなって、詳細に自分の現状を知った上で専門家のデブリーフィング（個人面談）を受け、見守ってもらいながら行動変容プランを実行していくことが最善の方法です。

ただし身近なトレーニングで効果を実感できることもあります。「8つのコンピテンシー」のそれぞれについて、目標と実践できそうな具体策をまとめておきましょう。

①感情のリテラシー

◇自分の感情を正確かつ詳細に把握できるようにする↓感情を言い表す言葉がまとめられた辞書などを読んで、語彙を豊富に身につける

◇さまざまな感情の特徴やほかの感情との関係性、変化の仕方などの知識を身につける↓心理学など感情に関する専門書籍などから正しい知識をしっかり学ぶ

②自己パターンの認識

◇失敗のパターン（悪い癖）を把握する↓過去のさまざまな失敗を振り返り、その原因を書き出し、共通点を探し出す

◇成功のパターン（よい習慣）を把握する↓過去のさまざまな成功を振り返り、その原因を書き出し、共通点を探し出す

◇物事の「受け取り方」「感じ方」の自己パターンを把握する↓1日の「感情日記」をつける。何を体験し、どのような感情が生じ、どのように反応し、感情はどのように変化したかなどを記録して傾向を見つける

◇自分の思考パターンを作っている「思い込み」「アンコンシャス・バイアス（無意識の偏

ったものの見方」を見つける→アンコンシャス・バイアスの一覧（本書90～93ページ参照）をもとに自問する。自分の傾向（癖）について、友人、仕事仲間、家族に尋ねてみる。また日常のつきあいの中で「頑固なこだわり思考」や「特徴的な思考の偏り」に気がついたら指摘してもらうようお願いする

③結果を見すえた思考

◇自分のアクションが自他に与える影響を、深く実感する形で知る→好ましくないおこないをしたとき、それによって「何がどのように」「誰がどのように」悪影響を受けたのかを書き出して、その大きさや深刻さを実感する→その結果、自分は何を失うか、どのようなダメージを受けるかを書き出して、深刻さを実感する

◇小さなことから「予測」「計画」を習慣にする→「○○さんにツールの使い方を教えてもらう」「終業後に○○さんと飲みに行く」など身近な行動について、事前に「よい流れ」を予測し、小さな計画を立てる

◇衝動的な言動に走りそうになったとき、あるいは無思慮な行動に出そうになったとき、一度立ち止まって自分なりにシミュレーションすることを習慣にする→「怒りっぽい」「怠ける」など、好ましくない自分の癖をひとつ選び、その感情が生じたとき「いま、それを実行したらどうなるか」を立ち止まって考えるトレーニングをおこなう

④感情のナビゲート

◇「やる気が出ない」ときに、その感情を変えて「やる気になる」ための方法をさまざま試し、自分にとって効果的な方法を見つける→「感情を無視してとりあえず着手してみる」「少しでも簡単にできそうなタスク、楽しそうなタスクを見つけて動いてみる」「やらなかった場合にどうなるかを想像する」「あえて緻密な計画を立てて自分を縛る」「冷たい水で顔を洗うなど、短時間でできる身体的リフレッシュ法をおこなう」など

◇「怒りっぽい」「つい悲観的になる」など好ましくない自分の癖をひとつ選び、その感情が生じたとき、気持ちを変化させるトレーニングをおこなう→その感情が生じたとき心の中で、①「自分はまた○○になっている（怒りそうになっている、嫌味を言いそうになっている、逃げようとしている等）」→②「でもこのまま行動したら自分にとって得にならない」→③「やめよう」と自分に言い聞かせて、実際に回避行動をとる（回避行動は生じた感情によって異なるので、感情のリテラシーが必要）

⑤内発的なモチベーションの形成

◇自分自身の「理念」を見つけ、ノーブルゴールを見つけ出す

◇仕事の中から、自分が興味、関心、やりがい、楽しさをかき立てられるポイントを見つける→仕事の中の「嬉しいこと」「楽しいこと」「自分の得になること」「やっていてよかった」と思えることを探すワークをおこなう

◇自分自身の「理念」と、会社（仕事）の理念が合致するポイントを見つける→「この仕事を通じて自分の理念をかなえるには何をすればいいか」を考える

⑥楽観性の発揮

◇悲観性を使って、楽観性を作る→計画を立てる際に、悲観性をフル活用してネガティブシミュレーションをおこない、あらゆるリスクを洗い出し、それぞれに対策を講じて小さな「大丈夫」を積み立てる

◇完璧主義を手放す→「１００％でなければダメ」「やる意味がない」という思い込みを捨て、「やらないより60％の出来でもやったほうがよい」と意識して実行し、行動することのメリットを日々、体験するようトレーニングをおこなう

◇自分の日常が「感謝すべきよいこと」で満たされているという感覚を日々、味わう→日常生活の中でつねに自分が受けた「小さな嬉しいこと」「ありがたいこと」を探し、見つけたら相手に「〇〇してくれてありがとう」を伝える習慣をつける。できれば専用のカレンダーを用意し、すべての感謝するべき出来事をメモし、「ありがとう」で満たされた日々である状態を視覚からもフィードバックする

⑦共感力の活用

◇共感力を豊かにする→気心の知れた友人や家族と一緒に映画・ドラマを見て語り合い、彼らの解釈を参考にして多様な人の「感じ方」を学んでいく。職場の有志や地域、サークル

などの人たちと読書会を実施するなど

◇共感力を使った行動を習慣にする→同僚、友人、家族が「嬉しい」「困った」「心配」「慌てた」「驚いた」など気持ちについて発言したら、それを聞き流さずかならず受け止め、「さらに話を聞く」「相手の気持ちに同調した発言をする」「相手の気持ちに沿った『親和的行動』『援助的行動』をとる」というプロセスをトレーニングとしておこなう

⑧ノーブルゴールの追求

◇自分が本来、どのような個性を持ち、何を本心から望んでいるかを見つけ出す

◇ノーブルゴールを達成するための行動を日常に取り入れる→近い将来の理想と現状のギャップから、いまおこなうべき「小さな目標」を立てて実行する

1-4 武器としてのＥＱの真価

なぜＩＱではなくＥＱなのか？

ここまでにＥＱとは何か、ビジネスにおいてＥＱがどのような効果をもたらすのかについて、

説明してきましたが、まとめとしてEQとIQの比較をしておきましょう。

現代のビジネスシーンでは「IQが高い人材」以上に、「EQが高い人材」が強く求められています。それは一体なぜなのか、両者の特性からみていきます。

IQ（Intelligence Quotient：知能指数）は「考える知性」とも呼ばれていて、思考力や記憶力など、学習面で有益な知能です。指数としては100を基準値としているので、一般的には110以上だと高IQとされます。さらに120～129が「優秀」、130以上は「極めて優秀」とされます。

IQが高い人々には、以下のような特徴があります。

◇情報処理能力と理解力が高く、物事の本質を見極めることができる
◇論理的思考が得意で、物事を体系的に理解し、それを他者に明確に伝えることができる
◇記憶力が高く、入手した情報や知識を記憶に定着させ、それを活用することができる
◇集中力が高く、思考や作業に一心に没入して高い成果を上げることができる

そのため職場でも、「問題が起こったとき、その本質を見極め、論理的思考によって解決策を導き出す」「新しい仕事を与えられたとき、即座に理解してフルスピードで作業ができる」「抱えている仕事の優先順位をつけて的確に処理することができる」など、さまざまな形でその有

能さが発揮されます。

また業種・業務内容によっては、高度な知的能力が必要な場合もあります。そのようなケースではとくに、高ＩＱ人材が頼りになります。

ところがこれらの能力だけで「有能なビジネスパーソン」「有能なリーダー」になれるかというと、かならずしもそうとは限りません。

たとえば、高ＩＱ人材であっても、「業務の質は素晴らしいけれど、ほかの社員と協力的な関係が築けない」「顧客の意思を尊重できず、トラブルを起こしやすい」「世間の情報に興味を持てず、企画力に乏しい」「完璧主義の傾向が強く、『0か100か思考』に陥りやすい」「合理性だけですべての物事をわかったつもりになって、さまざまな可能性が失われている」など、ビジネス上、問題になる傾向を持つ人々もみられます。

複数の研究でも、「高ＩＱ」と「ビジネス社会での成功」の関係を検証すると、ＩＱは確かに一定の役割をはたしているものの、必ずしも相関がないことがわかっています。

では成功を導くのはどのような能力なのか？　実はそれを追究した結果、導き出されたものがＥＱなのです。

そもそもＥＱを提唱したピーター・サロベイとジョン・メイヤーは、ビジネス社会における成功要因を心理学の立場から突き止めることを目的に研究を始めています。そして、大規模調査によって、「ＩＱが成功の決め手にはならない」「ビジネスの成功者は、ほぼ例外なく良好な対人関係を築く能力に優れている」というふたつの事実を見出しました。その後、さらに研究を進めてEQという体系を確立したのです。

仕事では、忍耐力や自制心、共感力や協調性やコミュニケーション能力など、IQには含まれない数々の特質が求められます。たとえ高IQの人でも、これらが欠けていると恵まれた才能を発揮することができません。

こういった特質を生み出す根本的な能力がEQであり、それを要素に分類したものが「8つのコンピテンシー」なのです。

EQがビジネス界に普及した後、その効果を調査すると、EQが高い人々はストレス対処能力、社会適応力、学業成績やビジネスでの成功度、人生の幸福度が高いことが確認されました。

またリーダーシップ研究の権威であるアメリカの経営学者、ウォーレン・ベニスも「EQはIQや専門的知識よりも重要な能力で、仕事で成功する理由の85%から90%はEQによるものである」と述べています。

コンピテンシーを伸ばすと、高IQ人材の素晴らしい才能を、存分に発揮させることができます。一般的に、その人の知的水準から期待される成績より、はるかに低い成績の人を「アンダー・アチーバー（under-achiever）」と呼びますが、そのような「高IQなのに成果を出せない人」も、EQによってビジネスパーソンとしての能力を上げることが可能です。

また、ごく平均的なIQの人がコンピテンシーを開発すると、有能なビジネスパーソンとして開花することにもつながります。本来の自分の知的水準とくらべて、はるかに高い成績を上げる人は「オーバー・アーチバー（over-achiever）」と呼ばれますが、ＥＱによってこれを実現することができるのです。

そしてＥＱには、自分の努力によって後天的に伸ばすことができるという、ＩＱとの決定的な違いがあります。「有能なリーダー」「有能なビジネスパーソン」として成功する能力を、誰もが高めていくことができるのです。

経営者はＥＱで自分・社員・業績を伸ばす

ＥＱは、多くの企業でその効果が実証されています。とくに「８つのコンピテンシー」を指標にした評価と育成プログラムについては、さまざまな業績への効果が報告されています。

生命保険会社のメットライフが、保険販売員の採用にＥＱのコンピテンシー評価を活用したケースは有名です。この採用活動では、８つのコンピテンシーの総合評価を重視するのではなく、「楽観性の発揮」のスコアがとくに重視されました。

というのも、訪問販売員の仕事は契約を断られるというネガティブな出来事の連続です。その状況でも心を折られることなく、「今回は駄目だったけれど、次はきっと契約してもらえる」「大丈夫、問題ない」という気持ちを持続できる人でなければ、仕事は続けられません。すぐに嫌になって熱意が失われ、そのうちに退職してしまうことになりかねません。

この採用基準を取り入れたところ、「楽観性の発揮」が高い人々の売上高は、平均してほかの販売員たちを37％上回る結果となりました。

また化粧品会社のロレアルでも、同様に営業部門で特定のコンピテンシーを重視して社員採用し、その結果、大きな成果につなげています。コンピテンシー評価によって採用された社員は、ほかの社員たちとくらべて平均で年間9万1000ドルあまり高い売上を記録したのです。この年、同社の総売上は、前年比で260万ドル増加しています。

私自身の経験でも、経営者がEQを実践すると、業績が10％ほどアップするケースはまれなことではありません。また、私がEQによる組織構築を支援した会社では、当初の社員数が8名だったところ、業績を伸ばしながら社員数60名の規模に成長できたケースがありました。

経営者の方は、業績に明らかな成果が現れると驚かれるのですが、これは自然なことでもあります。業績以前に、職場ではEQのさまざまな特長が形となって現れます。

EQが成長へのアクションを促し、会社全体が変化の渦を起こし、最終的に業績の伸長につながっているのです。

社員を業務の成果によって評価することも大切です。しかし「成果を生む能力」を測り、それを伸ばしていくEQは、経営者をはじめ一人ひとりの社員を根本的な面から成長させる、力強いメソッドだと実感しています。

ここまで、EQの基礎知識と効果についてさまざまに説明してきましたが、「自分のEQ力は現在、どの程度の達成度なのか？」「成功するリーダーに必要な能力を身につけることはできているのか？」など、多くの方が気になる点だと思いますので、ここで簡易版のセルフチェックを紹介しましょう。

1-5 リーダーとしての熟練度がわかる「EQチェック」

このチェックでは、自分はリーダーとしてどのような能力が優れているのか、どのような能力をさらに高める必要があるのかを、EQの視点から簡易的に判定します。

【チェック】

以下のすべての質問について、「YES」か「NO」で答えてください。

① あなたはいま、「怒り」「喜び」など感情を表す言葉を10個挙げることができますか？

② 怒りが生じたとき、「自分はこの種のことは許せない」「自分は嫉妬している」「疲れているせいだ」など、〝自分の側にある怒りの原因〟を意識するほうですか？

③ 「イライラが怒りになる前に対処する」「不安が恐怖になる前に対処する」などの傾向がありますか？

④ 自分が失敗するときの共通した行動パターンを3つ挙げられますか？

⑤ 逆にうまくいくときの共通した行動パターンを3つ挙げられますか？

⑥ 怒り（および不安、恐れ、悲しみなど）が生じやすいのはどのようなときか把握していますか？

⑦ 思いついたことを即座に口にせず、いったん発言の影響を考えてから口にするほうですか？

⑧ 日常的に、先回りしてリスクやメリット、効率を考えてから行動するほうですか？

⑨ 決断を下すとき、結果がどうなるかシミュレーションを欠かさないタイプですか？

⑩ 決断を下すとき、「自分はいま、成果を出すことに焦っている」「不安が強くて挑戦を避けたがっている」「自信がなく人の意見に流されている」など、自分の精神状態を意識しますか？

⑪ イライラしていても八つ当たりをしないタイプですか？

⑫ 仕事に消極的になったとき、やる気が出ないときに、自分を奮起させるための具体的な方法を見つけていますか？

⑬ 自分の成果が他者から評価・注目されなくても、あまり気にならないほうですか？

⑭ 行動した結果が期待どおりではなかったときに、「結果がすべてではない」「転んでもただでは起きない」と考えるほうですか？
⑮ 3日坊主になることなく、始めた仕事には腰を据えて向き合えるタイプですか？
⑯ 失敗の経験をしても後々まで影響せず、気持ちを切り替えチャレンジできるほうですか？
⑰ 新しい企画を検討するとき、失敗のリスクより成功するビジョンに意識を向けますか？
⑱ トラブルやアクシデントが起きたとき、打開策を次々と考えるのが得意なほうですか？
⑲ 部下と会話をしているとき、部下の言葉だけでなく本音、気持ちに意識を向けますか？
⑳ 他者の怒り、不安、悲しみ、動揺、焦りなどを感じたとき、ケアする言葉をかけますか？
㉑ 部下に仕事を振るとき、相手の能力だけでなく、忙しさや体調、興味の有無などを考慮しますか？
㉒ 5年後、10年後、あるいはその先の「理想の自分」を具体的にイメージできていますか？
㉓ 将来、実現したいと思う「会社の理想像」「社会の理想像」を具体的にイメージできていますか？
㉔ 現在おこなっている仕事と自分の生きる目的には、合致点がありますか？

【集計方法】

「ＹＥＳ」を1ポイント、「ＮＯ」を0ポイントとして、以下をそれぞれ集計してください。

①〜③の合計〔　　　　　ポイント〕（感情のリテラシー）
④〜⑥の合計〔　　　　　ポイント〕（自己パターンの認識）
⑦〜⑨の合計〔　　　　　ポイント〕（結果を見すえた思考）
⑩〜⑫の合計〔　　　　　ポイント〕（感情のナビゲート）
⑬〜⑮の合計〔　　　　　ポイント〕（内発的なモチベーションの形成）
⑯〜⑱の合計〔　　　　　ポイント〕（楽観性の発揮）
⑲〜㉑の合計〔　　　　　ポイント〕（共感力の活用）
㉒〜㉔の合計〔　　　　　ポイント〕（ノーブルゴールの追求）

すべての合計〔　　　　　ポイント〕

【結果の解説】

この「EQチェック」は、あなたの「8つのコンピテンシー」を簡易評価するための設問です。

合計ポイントの評価については、以下の中から当てはまるものを参照してください。また同時に8つコンピテンシーそれぞれの獲得ポイントに注目して、自分が活かすべき強みはどれで、克服するべき課題はどれなのかを把握し、リーダーとしての成長に役立ててください。

《合計が0～8ポイントの方》

あなたは人から「個性的」「我が道を行くタイプ」などと評されているかもしれません。実際には「自分のこと以外、あまり考えない」「いまのことだけしか見ない」というように、あらゆる面で視野が狭くなっている傾向がみられ、そのことが独力で大きな成功を手に入れる障害となっている可能性があります。視野を広げ、洞察を深め、何事も包括的に考えることで、経験の集積を体系的な学びにすることができ、また周囲からの支援がいっそう得られるようになります。

《合計が9～16ポイントの方》

あなたは自分の長所を活用してリーダーとしての役割を務めながらも、現在はいくつかの課題を自覚しているかもしれません。マネジメント上の問題を解決するには、相手や状況をコントロールするのではなく、まず自分を変えることが結果につながると意識することをお勧めします。とくにポイントが低いコンピテンシーに着目して、それを伸ばすための小さなトレーニングから始めるとよいでしょう。

《合計が17～24ポイントの方》

あなたは現在、大きな問題もなくリーダーとして組織を牽引することができているのではないでしょうか。ただし決して「伸びしろ」がないということではありません。現状に満足することなく、ＥＱが提供する「感情のリテラシー」を身につけ、これまで以上に「感情」に意識を向けて、それをマネジメントするスキルを伸ばしていきましょう。この新たなスキルが、いままで想定していたあなたの限界を突破することにつながります。８つのコンピテンシーのうち、ポイントが低いものには、あなたが自覚している「小さな問題」の本当の原因と、解決のヒントが隠されている可能性があります。

パート 2

経営者・リーダーが
ＥＱ力ではたす６つの役割

2-1 ＥＱの高低でリーダーはこうも違う

退職者が続出、右腕が離れていく…ＥＱが低いリーダーの特徴

ＥＱによってリーダーとしての在り方やおこないに、どのような違いがみられるのか？　ＥＱが高いリーダーと低いリーダーの、日ごろのおこないから両者を比較してみましょう。

ＥＱが低いリーダーには、以下のような傾向が目立ちます。

◇感情的になりやすい
◇自慢話ばかりする
◇失言が多く、人を不快にさせやすい
◇いるだけで周囲の人を不快な気持ちにさせることがある
◇失敗を人のせい、状況のせいにする
◇部下の手柄を当たり前のように横取りする
◇空気を読まず、常識やルールを尊重しない

◇部下の気持ちや事情をくみとらずに仕事をさせる
◇部下のミスや欠点を執拗に責めたてる
◇自分の熱意の高さを部下と共有できない
◇周囲を気が合う人とイエスマンだけで固める
◇我欲が強く、自分や自社の利益以外のことに意識を向けない

ＥＱが低いリーダーは「感情をマネジメントする」という発想がないので、喜怒哀楽が激しく、自分の感情を理性的に抑えようとしない、あるいは抑えられないという基本的な特徴があります。

また感情のままに行動する性質は、「優越欲求に流され自慢話ばかりする」「自己保身のために失敗を人のせいにする」「功名心から部下の手柄を横取りする」などの行為にもつながります。そして、そんな自分が周囲の人々の目にどのように映っているのか、本人は理解することができません。そのため知らずしらず人々からの好意や尊敬、信頼を失ってしまいがちです。

さらにそんなリーダーがいるだけで、好ましくない影響をおよぼしてしまうこともあります。人間は開放系の存在で、他者の感情から強い影響を受けます。穏やかな雰囲気の人のそばにいると自分の心も落ち着き、快活な人のそばにいると気持ちが明るくなり、大らかな人のそばにいるとクヨクヨした気分が解消されるなどの影響を、私たちは日常的に受けています。

よって日頃から好ましくない感情表現をしているリーダーがそばにいると、周囲の人々は頻繁に不快な感情を心に生じさせ、それを非常に苦痛に感じます。そして無意識のうちに、リーダーに対する好意が損なわれてしまいます。

またEQが低いリーダーは、周囲の状況を客観視して的確に把握することが苦手です。そのため、しばしば場違いな言動をとります。常識や社会一般のルールが理解できない面もみられ、さらに他人の気持ちや立場よりも、自分の価値観やプライドを優先させるふるまいが目立ち、周りからは「自分勝手」「ついていけない」と思われがちです。

こういった自己中心的な言動は、他者への共感性が乏しいことも関係しています。そしてこの性質の影響で、結果として他者を尊重しない態度をとる傾向があります。

たとえば部下に何を言ったら嫌な思いをするのか、何をおこなったら困るのかを想像することができず、無神経な言動をするケースが日常的にみられます。またミスや欠点を、執拗に責めたてる傾向もあります。

本人は「厳しい指導をしているだけ」「強いリーダーシップを発揮して部下を動かしている」「仕事では当たり前のこと」と考えているかもしれません。実際に「自己中心的」という性質は、「主体性が強い」という性質が過剰になったり、雑に表現されたりしているものなので、適切に活用すれば、長所となることは事実です。

しかし、それを自分でコントロールしながら活用しないと、配慮のないマネジメントやコミユニケーションにつながってしまいます。これでは信頼を得ることはできません。部下が日常的に理不尽なマネジメントや不快なコミュニケーションにさらされた場合、退職につながることも少なくありません。

ほかの特徴としては、つねに自分の意見に賛同する人々で周囲を固めがちです。そして、社会のために役立つことをしようという意識が乏しく、あくまでも私利私欲を追求する姿勢をとってしまいがちな点もみられます。これらは、自分の感情の「快」「不快」に流された行動をとってしまう傾向から生じています。

感情をマネジメントすることに無頓着なリーダーは、さまざまな問題行動をとり、自分ではそのことになかなか気づくことができません。そして、次々と社員が退職していく、頼りにしていた右腕に去られてしまうという事態を招いてしまうのです。

しかし、EQを高めることによって自分の言動を変え、状況を一変させることは可能です。

社内に好循環を巻き起こすEQが高いリーダーの特徴とは

EQが高い人にも、普段の在り方、おこないにその特徴が表れます。習慣的に感情をマネジメントしているので、そのふるまいは周囲の人々からは美点として受けとめられ、「好意」や「協力的姿勢」という形で本人にフィードバックされます。

高EQのリーダーが持つ、代表的な特徴は次のようなものです。

◇感情表現がおだやかで、いつも機嫌よくしている
◇自分のミスを素直に認めることができる
◇批判を冷静に受け止めることができる
◇偏見を持つことが少なく、何事も柔軟に受け止める
◇部下と話をする時間をしっかりとり、よく耳を傾ける
◇コミュニケーションでは、真意や気持ちなど相手の心を理解する
◇部下と心の通った関係を構築するが、慣れ合いの関係に陥らない
◇部下を育て、権限を委譲し、成長の機会を存分に与える

ＥＱが高いと感情がコントロールされ、たいていの場合で平和的なコミュニケーションをとることができます。自分の内面に湧き起こった不快な感情を変化させるだけでなく、不快な出来事を予防することができるので、つねにご機嫌でいられるのです。このように感じがいいリーダーは、その場にいるだけで周囲の人々に居心地の良さを感じさせます。

また自分が間違っていると気づいた際には、自分に対しても他人に対しても、それを素直に認めます。たとえ恥ずかしい、誤りを認めたくないなど瞬間的に感情が乱れても、それに気づいて「この気持ちに流されてはいけない」と判断し、自分を客観視しながら適切な言動につな

げます。そのため、失敗をほかの人や事情のせいにして言い訳をしたり、無理に正当性を主張したり、他者の過去のミスを引き合いに出したりはしません。正直かつ簡潔に謝罪し、迅速に軌道修正ができます。

さらに失敗を自分の学びにするだけでなく、部下に話して聞かせ、彼らの成長にも役立てようとしますし、ときに部下たちにアドバイスを求めることもあります。部下たちはその率直さや謙虚さに好感を持ち、また尊敬の気持ちも寄せられます。

そしてＥＱが高いリーダーは自分の欠点も含めて「正当な自己評価」ができるため、自分に対する批判にも冷静な点が特徴的です。批判を受けても「悔しい」「腹が立つ」など感情を乱すことが少なく、「その指摘は本当に正しいのか検討しよう」「どうすれば問題をよい方向に導けるか」「自分だけでなく組織にとって何が最善か考えよう」といった、前向きな対処への材料とします。

また、自らの価値観のみで物事を判断しない人が多いことも特徴的です。

他人のアイデアや新しい情報に接したときも、思い込みや自分の好みで否定したりせず、柔軟な姿勢で受け止めようとします。そのため、自分と他者をうまく活かしながら仕事を推進し、また新たなチャレンジに乗り出していくことができます。

そしてコミュニケーションでは、部下との対話の重要性を理解しているので、しっかり耳を傾けることができます。ただの「情報伝達」として受け止めるだけでなく、豊かな共感力を発揮して「真意」「気持ち」など心を理解しようとするのです。そのため彼らの会話には、「大変だったでしょう」「大丈夫?」「心配なことはない?」「君に頼んでよかったよ」「こんなに頑張ってくれてうれしいよ」など、感情に関する言葉が豊富に含まれます。

ＥＱが高いリーダーは、このように部下とよい関係を築きますが、だからといって緊張感の欠けた慣れ合いの関係に陥ることはありません。必要であれば迷わず、部下に対して厳しいメッセージも伝えます。バランス感覚に富んでいて、「やさしさ／厳しさ」「緊張／リラックス」「仕事のオン／オフ」「思考の硬／軟」など、対立する両方の要素を適切に使い分けられるのです。

また権力・名誉・利益などを独り占めしようという意識が薄く、あくまでも適正であることを求めます。部下が目覚ましい成果を挙げればそれを部下の功績として周知し称えますし、部下が相応の能力を身につければ権限を委譲して、さらに成長する環境を与えます。そして「世のため人のために、企業として善い活動をしよう」と本気で望んでいます。

ＥＱが高いリーダーは、たんに有能なだけでなく、ひとりの人間として非常に魅力的であることがおわかりいただけると思います。周囲の人々から「この人と一緒に仕事をしたい」「この人から学びたい」「この人のもとでなら全力で頑張れる」という気持ちを寄せられ、組織としてのチーム力が順調に育っていきます。

このように高いＥＱ力を持つリーダーの特徴を並べてみると、それは完璧な人間なのかと思われるかもしれません。しかし、彼も人間です。ここには、あるべきリーダーの理想像があると考えてください。

ポジションパワーに頼らず、パーソナルパワーを豊かにする

リーダーに必要な能力と、そのスキルアップの具体的な方法を説明する前に、意識しておくべき2つの視点についてみておきましょう。ひとつは部下を動かす力の源泉です。これには「ポジションパワー」と「パーソナルパワー」があります。

- ポジションパワー（Position Power）によるリーダーシップ＝チームにおける地位や肩書が持つ力
- パーソナルパワー（Personal Power）によるリーダーシップ＝個人としての魅力が持つ力

働く人々の意識はここ20年ほどで大きく変化し、もはや「役職に就いている」というだけでは、部下を動かすことができません。社長であるとか、部門長であるとか、プロジェクトリーダーであるというだけで、部下がその人に対して敬意を持ったり、示されたビジョンをオープンな心で受け入れたり、目標達成に向けて自律的・積極的に働くことは期待できない状況です。

「ポジションパワー」が通用しなくなったいま、リーダーが強く求められているのは「パーソナルパワー」です。

「ポジションパワー」はいわゆるポストに備わる権力のことで、強制する権限、管理する権限、

報酬を左右する権限などを持っていることで生じます。立場が生む力なので、その立場を失えば影響力も失われます。また部下たちは立場に対して服従するので、場合によっては形だけ従う面従腹背に陥ってしまうこともあります。

職場における権力は絶対的なので、これを効果的に行使することは大切なのですが、現実的に組織をスムーズに運営していく上で、「ポジションパワー」だけを頼るわけにはいきません。

一方「パーソナルパワー」は「ヒューマンパワー」とも呼ばれます。その人のポスト（肩書）に付随する権力ではなく、その人自身の魅力が生み出すパワーのことをいいます。たとえば豊かな専門性、知性、情報活用能力、コミュニケーション能力など、その人が保有する能力はもちろんのこと、勇敢さ・誠実さ・温かさ・向上心・善良さ・高潔さ・陽気さをはじめとする総合的な人間力が生み出す力です。

「パーソナルパワー」を高めると、部下からは尊敬、心服、愛情などが寄せられ、彼らの「尊敬するこの人に認められたい」「この人の力になりたい」「この人とともに成功したい」「この人のようになりたい」という気持ちをかき立てます。つまり部下が「本気の仕事」をすることにつながります。

リーダーがチームを目標達成に導き、企業としての成長を刻み続けていくには、部下の本気を引き出すことが必要です。では、パーソナルパワーをどのように高め、どのように「リーダーシップ」「マネジメント」に活かせばよいのか——。

以下ではＥＱ視点の答えとして、ＥＱの開発者ピーター・サロベイがピックアップしたリーダーの６つの役割と、それらに必要な能力の伸ばし方を体系的に紹介します。

2-2 【ＥＱ力ではたす６つの役割】①有能なチームを作る

信用を獲得し、信頼に発展させる

「チームは生まれるものでなく、作るものである」。これは心理学者スティーブ・ザカロの言葉です。リーダーを置きメンバーを集め、使命を与えればチームが機能するわけではありません。

では「有能なチームを作る」とは、具体的に何をすることなのでしょう?

チーム運営には「経営目標を達成する」という目的のため、次の課題があります。

◇信頼関係を醸成する
◇チームとしての力を引き出す

◇効果的に管理する

ここではリーダー自身の意識改革やトレーニングによって達成するべき課題、「信頼関係を醸成する」について解説していきます。リーダーとメンバー、そしてメンバー相互の信頼関係構築は、もっとも根本的かつ重要なテーマです。

「信頼される人、尊敬される人になりたい」という真っ直ぐな思いは、とても健全な向上心です。ただし信頼や尊敬は他者からの評価なので、自分では直接的にコントロールできませんし、一朝一夕に実現できるものでもありません。しかし今日からその努力を始めることができます。

まずは「信頼感」とは何であるのかを、あらためて確認しておきましょう。信頼感は、感情の一種です。「信頼」と似た言葉に「信用」がありますが、比較すると意味を明確に理解しやすいと思います。

■**信用**　過去の言動や実績や成果にもとづいて、確かなものと信じる感情
→客観的な視点によるもの。相手の外面的なものに対して生じる。

■**信頼**　未来の行動を信じ、期待する感情
→主観的な視点によるもの。相手の内面的なものに対して生じる。

信用は、過去の言動をデータとした、客観的な判断から生じるものです。この信用をもとに、未来について期待する「信頼」という感情が生まれます。そのため、まずは信用を獲得し、次いで信頼を持たれるというプロセスをたどります。

実際には、強い信用を獲得すると、ほぼ自動的に信頼が得られるようになります。そこで信用を得るための基本的なポイントをお伝えしていきましょう。

ちなみに職場では当然、「本業である仕事の能力を磨いていること」が信用をもっとも大きく左右する要素になります。そのため仕事のスキルを上げていく努力は欠かせません。ここでは仕事の能力以外の要素についてお話しします。

リーダーが信用を得るため最優先でおこなうべきことは、「信用を失う言動を、徹底的に避けること」です。プラスになることをするよりも、まずマイナスになることをやめる、これを優先的に実行します。

たとえば「嘘をつく」「卑怯なおこないをする」「人を害する（攻撃する・奪うなど）」「約束を破る」といった言動は、子ども時代から幾度となく「してはいけない」と言い聞かせられた、人づきあいの基本的なルールです。しかしこれを厳格に守っている大人は、それほどいないのではないでしょうか。

「嘘をつく」の例でいうと、「優しい嘘、思いやりの嘘なら許される」と、自分に嘘をつくことを一部、許してしまうことがあります。「仕事が終わったら飲みに行こう」と誘われたとき、とくに用事はないけれど断りたいという場面では、相手に気を遣って嘘の用事を作り、「行きたいけれど行けないんだ」と言い訳をするケースは一般的です。

しかし、こういった悪意のない嘘でも、多くの場合、相手には嘘だとわかります。こうした言動が積み重なると、「小さなことで嘘をつく人」「嘘をつくことに抵抗がない人」という印象が浸透し、信用は得られにくくなってしまいます。

また「相手の話に調子よく合わせるために、思ってもいないことを言う」「強い印象を残したいという思いから、話を盛る（大げさに言う）」といった言動も、厳密にいえば嘘と同じです。これらを徹底してやめたとき、あなたという人物に「誠実な人」「真摯な人」など、プラスの印象が備わります。

「こうした言動をすべて禁じてしまったら、生真面目でつまらない人間になってしまうのではないか」と心配する方がありますが、実際にはそのようなことはありません。その人の陽気なキャラクターは別の形で表現され続けますし、コミュニケーションに軽薄さがなくなって、以前より人間関係が深まります。これはとくにリーダーにとって、非常に重要なことです。

本心からの言葉、本心からのおこないでなければ、人の心を響かせることはできません。そして心を響かせることができなければ、人を動かすことは難しいと私は考えています。

ここでは「嘘をつく」をサンプルに取り上げましたが、自分がどのようなリーダー像を目指し、どのような意識を持ち、何を改善していくべきか、その答えは人によって異なります。後にお話しする自分の「理念」「ノーブルゴール」を見つけることで、答えが明らかになります。

日々の小さな行動指針を作ろう

リーダーと同じように「小さな決まり事」をチームで決めてメンバー全員で実践すると、和が保たれやすくなります。たとえば、ミーティングやワークショップをおこなって「信頼し合えるチームになるため、これだけはみんなで守りたい小さな決まり」を話し合って決め、実践するものです。

オープンな雰囲気の中、対話をおこなうと、メンバーの個性あふれる意外な案も出されます。

「冗談でもメンバーの悪口を言わない」
「小さなことでもちゃんと『ごめんね』を言う」
「困ったら、黙っていないで、誰かに助けを求める」
「議論するときは相手に勝とうとしないで、一緒に答えを探すこと」
「差し入れは全員で分ける」
「遠慮なく教えを乞うこと、遠慮なく口出しして教えること」

対話をうまくファシリテートできると、チームが目指す在り方が明確になっていきます。それを踏まえ、自分たちのチームらしい小さな決まりをいくつか選び、行動指針とします。

このとき決めたルールを小さなカードに記して全員が持つようにすると、小さな一体感も生まれます。会社としての行動指針が策定されていない場合はとくに、おこなっておくとよいでしょう。

さらに、リーダーは機会をみて、メンバーに個人的な行動指針を作ることも推奨するとよいと思います。その際には、自分が個人的な行動指針を作って実践していることを、エピソードを含め丁寧に紹介し、メンバーの心を動かします。

チームにとってプラスになることは何でも、まずリーダーが実践します。そして変化する自分の姿を見せた上で、メンバーにもよい習慣を促していきます。

リーダーが〝自分磨き〟を率先する

あなたは自分がどのような人間か、本当に理解していますか？　実は信頼されるリーダーになる第一歩は、「自分を深く知る」ことです。

◇自分は何を大切にして生きているのか
◇どのようなことを憎み、軽蔑し、許せないと思っているのか
◇自分が罪悪感や自己嫌悪、羞恥心を抱くのはどのようなときか

◇自分を誇りに思うのはどのようなときか

◇自分はどのようなこと、どのような人に憧れを抱いているのか

「自分を深く知る」とは、自分の個性とそこから生じている価値観を明確にすることです。自分自身の「理念」を、心の奥底から見出す作業ともいえるでしょう。

実はこの作業は、仕事の合間に作った30分の空き時間や、就寝前のくつろいだ1時間で手軽にできるものではありません。自分の本心からの思いを見出すことは、とても難しいのです。

私たちは生きているなかで、親の教育、教師の教育、友人知人の言動、社会通念、経験などから影響を受けています。その結果、「価値観が磨かれた」というケースもあれば、「思い込みによる偽りの価値観に束縛されている」というケースもあります。

実際には後者の場合が多く、本当は自分が望んでもいない理想像を目標に掲げたり、自分の個性や持って生まれた資質を活かせない生き方をしているケースも多くみられます。この思い込みは非常に厄介で、自分の成長や社会的成功、幸せの実現を強く邪魔します。

そのため、心の表面にある思い込みを排除して、自分の本心からの思いを掘り起こすことが重要です。この作業は、できれば専門家と対話をし、ガイドしてもらいながら進めるとよいでしょう。また、思い込みに毒されていない本来の個性や価値観を知るには、家族、親戚へのインタビューが有効です。それから自分では気づきにくい現在の思考・行動の癖については、友

人や身近な仕事仲間などに聞き取りをするとよいでしょう。

自分が何を喜び、何に怒り、何に憧れ、何に対して過敏に反応するのか。人とは違う、どのような傾向や癖があるのか。自分では見えない自分の姿を、他者の証言によってスケッチしてもらうと、理解のよい助けになります。

「自分は何者か」という問いを抱きながら日常生活を送り、証言を集め、何度か集中して自分に問いかける時間を持つことで、自分という人間の輪郭が次第に明らかになっていきます。

こうして「本来の自分」「いまの自分」を知ると、現在の課題や、将来目指すべき姿が明確になります。

ＥＱでは、最終的に「自分は人生を通じてどのような人間になりたいか」という、その人の「ノーブルゴール」を明確にします。ノーブルゴールをつねに意識し、自分のゴールと仕事のゴールを一致させているリーダーは、ブレることがなく、意欲と喜びをもって仕事にあたり、苦難にあっても闘志を湧き立たせることができます。

意識しておくべき「コミュニケーションのベーシックルール」

信用獲得のための習慣をリーダーが率先しておこない、それをチームメンバーにも広げていくと、個々の在り方が整えられ、チームワークが次第に円滑になっていきます。それに加えて、コミュニケーションの方法にも留意が必要です。信頼関係は本人の在り方だけでなく、相手との関わり方が大きく影響します。

ここでは部下に指示を出す際のベーシックルールについてお伝えします。リーダーにとってはごく日常的な行為ですが、人々の感情を刺激しやすく、繊細な配慮が必要です。

指示の出し方ひとつにも、そのリーダーの知性と人間性がにじみ出ます。そして信頼関係に影響を与えるばかりか、仕事の成果も左右します。

「部下が指示どおりに仕事をしない」「期待していた優先順位と違う」「締切が守れない」といった不満をリーダーが抱えている場合、その原因が指示の出し方にある場合も多いのです。

たとえばリーダーとして自信がない人や、リーダーシップが何であるかを意識していない人は、指示の出し方にもその問題が表出します。もっとも多いケースは、つい「デキるリーダー」のイメージをそのまま再現しようとしてしまうケースです。

たとえば「力強さと明確さこそが有能なリーダーの証であり、部下を仕事に追い立てる必要もある」というステレオタイプの考えから早口でいくつもの指示を一気にまくしたて、一方的にコミュニケーションを終えてしまうといった行動です。

このようなリーダーは、部下が指示内容に疑問を投げかけても、「いいからやって」「とにかくやって」とシャットアウトしてしまいがちです。部下を信用していないか、あるいは「部下の指摘にいちいち耳を貸していたら示しがつかない」と考えているのかもしれません。

言うまでもないことですが、リーダーシップの本質を理解している人は、このような言動をとりません。落ち着いて説明し、質問には相手が納得できるように答えます。また、部下の否定的な意見にも自信や誇りを持って対応し、もし自分が誤っていれば部下の意見を素直に採用することができます。

次に指示を出す際、リーダーが基本的に留意するべき点を挙げておきましょう。

Q. その指示は、本当に適切か？

既存の方針や以前の指示と矛盾している指示、最善ではない指示を出してしまうと、能力の面で部下を不安にさせます。忙しさのあまり、慎重さを欠いた雑な指示になってしまったり、自分の中で混乱・不安・迷いを解消できないまま指示を出してしまったりすることもあります。一度メモに書くなど整理した上で、その正当性を「確認」してから伝えることを習慣にします。

Q. 相手が理解できる伝え方をしているか？

簡潔な説明で「人に理解させる」という作業は、実は非常に難しいものです。人によって保有している知識、経験、思考の習慣などが異なるため、理解の齟齬は頻繁に起こります。

とくに意識しておきたいのは、経営者やリーダーは、ほかの多くの人々と異なったタイプが多いという事実です。特別に頭脳明晰な場合もありますし、直観的な理解力が高い場合も、特別に覇気が強い場合もあるでしょう。また専門知識や経験が格段に違うことも少なくないでしよう。でも部下はあなたと同じではありません。

そのため、伝える相手のことを察する力、共感性を発揮することが必要です。さらに、部下にはメモをとる余裕、質問する余裕を与える、一度に多くの指示を出さない、複数の指示を出すときには優先順位を伝える、順序立てて説明する、などに留意する必要があります。

Q. 相手の事情・考え・気持ちを理解しているか？

相手には「こんなに業務を抱えて残業続きなのに無理。リーダーはまったくわかっていない」という事情・気持ちがあるかもしれません。あるいはリーダーの指示内容に対して、現場視点からの有用な意見があるかもしれません。

指示は一方的に与えるのではなく「いま、抱えている仕事の状況はどう？」「無理なくできそう？」「何か疑問点やほかの案を思いつく？」など、相手の事情・考え・気持ちをリーダーのほうから尋ね、しっかりコミュニケーションをとるようにします。相手が矛盾点や問題点を指摘しやすい雰囲気を作ることも、大切なポイントです。

Q. 意欲が持てるよう「意義」「メリット」「その人に頼んだ理由」を伝えているか？

作業内容を簡潔に伝えるだけでは、十分ではありません。できるだけ部下の「それはおもしろそう」「やってみたい」「自分のプラスになる」「自分は認められている。頑張ろう」という意欲を引き出すため、「その作業にはどのような目的・効果があるのか（意義）」「本人にとってどのようなメリットがあるのか」「その人に頼んだ理由は何か」を伝えられるとよいでしょう。

とくに作業の背景や目的をしっかり伝えておくと「では、こんなやり方ではどうでしょう？」「新たにこんなこともしてみてはどうでしょう？」と提案するようになるなど、自律的、積極的な行動にもつながります。

指示を出す相手は、感情を持った人間です。そしてすべての行動に感情が関与しています。よって指示は理性だけでなく、感情に働きかけるよう、リーダー自身が感情を用いることが重要です。これができると、部下の仕事のスピードが増すだけでなく、自律的な姿勢が育まれていきます。

ここまでに「有能なチームを作る力」の3つの課題のうち、「信頼関係を醸成する」についてお伝えしてきました。別の課題「チームとしての力を引き出す」については、EQを活用した「人財配置」「人財教育」などが有効です。もうひとつの「効果的に管理する」という課題についても、EQ的な「マス・マネジメントと1on1マネジメントの実行」「セルフマネジメントの推進」などが役立ちます。こういった「仕組み」によって解決できるものついては、次章以降でくわしくお話ししていきましょう。

2-3 【EQ力ではたす6つの役割】②効果的な計画や意思決定をする

VUCA時代に最善の計画・意思決定をするには

「リーダーを伸ばす力」の2つ目のEQ力は、効果的な計画や意思決定をおこなう力です。これを少しかみ砕いて表現すると、次の課題に具体化されます。

◇有効性の高い「組織目標」「実行計画」を立案すること
◇効果的な「予測計画」「人財計画」を立案すること
◇必要なサポートやほかの組織との連携を確保すること

ビジネス環境が大きく変わり、変動性（Volatility）、不確実性（Uncertainty）、複雑性（Complexity）、曖昧性（Ambiguity）がキーワードとなっている現在、それぞれの語の英語の頭文字を取って「VUCA」時代と呼ばれています。これは、従来のような論理的かつ合理的な手法だけでは、計画の立案も、意思決定も、適切におこなうことが困難な状況を迎えていることを示しています。

以下はそんな時代への対応策として、ビジネスでの活用が推奨されている手法の一部です。

◇「論理的思考」だけでなく、「デザイン思考」や「アート思考」を取り入れる
◇現在を起点に緻密な計画を立てる「フォアキャスティング」とともに、「未来」のある時点を起点にして俯瞰逆算式に計画を立てる「バックキャスティング」を活用する
◇準備万端の緻密な計画を立てて実行するのでなく、「スモール・スタート（小さく始める）」や「フェイル・ファースト（失敗を前提にして素早く始める）」の方針をとる
◇ＩＴを駆使したビジネスモデルの変革を実行する
◇ブランディングによるマーケティングの変革を実行する
◇「ＰＤＣＡ（計画→実行→評価→改善）」をもっとスピーディに回すため、「ＯＯＤＡループ（観察→方向性判断→意思決定→実行）」を導入する

どれも、タスクをよりスピーディに実行し、変化に柔軟に対応できる手法ですが、実はこれらの多くは感情の活用を必要としています。

もっとも重要な思考法をピックアップして、その概要をみておきましょう。

デザイン思考とアート思考

日本ではここ20年ほど、ロジカル（論理的）なビジネス手法が流行でもあり、推進されてもきました。多くの企業で、論理的思考にもとづいて、フレームワークを駆使して現状把握や課題の明確化をおこない、緻密な計画を立てステップ式に実行していくやり方を、社員たちは徹底教育され実践しています。

しかしＶＵＣＡ時代の現在、その極端にロジカルなやり方では通用しないことが明らかになり、揺り戻しとも呼べる現象が起きています。感性を重視し、「白か黒か」でなく、ファジーな現実をそのまま受け止め、突発的な事象にも身軽に対処できるやり方が重視されるようになっているのです。

まずはそれぞれの思考法について確認しておきましょう。私たちが従来からビジネスで基本的に活用しているのが「論理的思考」で、これからの時代に必要となるのが「デザイン思考」と「アート思考」です。

■論理的思考（ロジカルシンキング）

対象をさまざまな要素に分解し、フレームワークなどを用いて分析を進めていき、課題の解決策を見出す思考法。

たとえば新たに商品／サービスの開発をおこなうときは、収集した精度の高いデータをもとに、自社・競合・市場・ビジネス環境などを詳細に分析し、その結果、明らかになったニーズに応える商品／サービスを作り、市場に提供する。このプロセスでは、「勘」「想像」「思いつき」「好み」など、開発する側の個人の感性は、厳密に排除される。

■デザイン思考（デザインシンキング）

デザイナーやクリエイターが作品を創作する際の思考法を活用して、ビジネス上の問題解決を図る方法。

思考する対象は顧客で、顧客を深く理解するために数値的データの収集・分析をおこなうものの、それよりは顧客との「対話」やフィールドワークなどの「体験」を重視する。その上で共感力、想像力などの感性を働かせ、パーソナリティやライフスタイルについてプロファイリングをおこない、さらに自由連想法を用いるなどして想像を広げ、「顧客の心」を洞察する。そして、顧客が自分でも気づいていない潜在的なニーズを見出し、それに応える商品／サービスを提供する。「論理的思考」に、感性をプラスした思考法。

■アート思考

ゼロからものを生み出すアーティストたちがおこなっている、自由でオープンな発想法と創造手法を、ビジネスに活用する思考法。

開発者自身の感性、価値観をリソースとして、ゼロベースで創造する。このとき「顧客が何を望んでいるか」「市場の動向はどうか」など、外部環境は考慮しない。

そのため「アート思考」は、顧客が想像もしていなかったもの（顧客の潜在ニーズ未満の商品）を生み出すことにつながる。新たな価値の創造を実現する、よりイノベーティブな思考法。

この3つの思考法は、感性を活用するという点において、グラデーション的な変化をなしています。論理的思考では感性は排除され、デザイン思考では顧客理解のために活用し、アート思考では開発者の感性のみをリソースとしています。

新たに加わった「デザイン思考」「アート思考」は、市場にコモディティ化した商品／サービスがあふれるなか、顧客から選ばれる商品／サービスを創り出す上で、非常に重要な手法となっています。さらにビジネスの別の分野でも、新たな思考法は、論理的思考の弱点を補います。

実際に、論理的思考には次のような限界があります。

◇前提条件が変わると使えない
◇データを過剰に重視する「調査依存症」に陥ってしまう
◇差別化ができない
◇論理的に「正しい」だけで人は動かない

そもそも論理的思考の目的は、与えられた状況の中で、誰もが納得できる答えを見つけることです。しかし、ビジネス環境は突然に、大規模に変化をします。つまり、時代環境という前提自体が変化してしまうわけです。そのためどんなに緻密かつ合理的に立てた計画であっても、その緻密さ、合理性ゆえに、通用しなくなってしまうケースが多いのです。

また多様化が進み、誰もが納得できる答えも存在しないケースのほうが多くなっています。その意味からも、論理的思考だけに頼ることはできなくなっています。これこそが、現在、リーダーが計画立案・意思決定をする際に、デザイン思考やアート思考が求められる理由です。

これらの新たな思考法では、感性・感情が非常に重要な要素になっています。そのため感情をより健全に、有効に用いることが、ビジネスの要になっているのです。

それでは視点をもう少し細部に移して、計画立案・意思決定を磨く秘訣を説明しましょう。

思考をゆがめ意思決定を阻害する「アンコンシャス・バイアス」

意思決定は基本的に、理性的で論理的な活動です。しかし思考には「思い込み」が関与し、決断には「感情」が関与しています。まずは「思い込み」について説明します。

人は物事を認識するとき、事実をそのまま受け止めているわけではなく、そこには「個人的な解釈」が含まれています。たとえ同じ出来事を目撃しても、人によってまったく別のストーリーとして認識することさえあります。

こういった「個人的な解釈」のうち、歪んだ認知がパターン化しているものは、アンコンシャス・バイアス（unconscious bias：無意識の偏った思い込み）と呼ばれます。優れた意思決定をおこなうためには、これを排除することが大切です。

アンコンシャス・バイアスは、その人の過去の経験や知識、価値観、信念などがもとになって生じます。そして本人も気づかないうちに、「事実」ではなく「思い込み」を根拠にして「認識」「意思決定」をおこなってしまいます。代表的なバイアスの例は、以下のとおりです。

■正常性バイアス

危機的状況に陥ったとき、自分にとって好ましくない情報を無視・過小評価すること

〈例〉「今回はたまたまうまくいかなかっただけ」「嫌な報告を聞いたけど、まあ大丈夫だろう」

■集団同調性バイアス

属している集団の「同調傾向」「同調圧力」を感じ、意見・行動を周囲に合わせてしまうこと

〈例〉「経営者仲間がみんなやっているから、あまり気は進まないけれど自社でもやっておかなくちゃ」

■確証バイアス

仮説を検証するとき、支持する情報ばかりを集め、反証する情報を無視してしまうこと

〈例〉乗り気になっている新規事業の計画について、有望であると示す情報しか見ない

■アインシュテルング効果

馴染み深い考え方に固執してしまい、ほかの視点に気づかない、あるいは無視してしまう（経験が邪魔をする）こと

〈例〉「以前、これでうまくいったからこのやり方でいく」「前例がないから認めない」

■エスカレーション効果

過去の自分の意思決定を正当化したいがために、その立場に固執し、損失が明確になっても引けなくなってしまうこと

〈例〉多額の資金を投入した新規事業が不採算事業となっているが撤退しない

■ステレオタイプバイアス

特定のグループに属するものには、決まった特徴があるという強い考え

〈例〉「女性は仕事に対する本気度が弱い」「外国人は自己主張が強くて使いづらい」

どれも「正確な事実の認識」「最善の意思決定」をおこなう上で、問題ある思考の癖です。これらは自分自身では認識しづらく、ＥＱの面談の中で発覚するケースが非常に多くみられま

す。

これらのバイアスは、自分自身を俯瞰する視線を持つ、周囲の人々のアドバイスに心を開く、思考・行動の自己パターンを認識する、感情のリテラシーを身につけて自分の感情の乱れを自覚するなど、ＥＱのトレーニングによって解消していくことができます。

最善の意思決定に必要な楽観性

意思決定の「決断」を乱す感情についてみていきましょう。しばしばみられるケースは「恐れ」です。たとえば過去に失敗して非常につらい思いをした経験がある人が、それを解消しきれないままでいると、「恐れ」が心の中に残ります。そして類似した場面になると「恐れ」が表出して、決断できない、行動できない、といった状態になります。

これを長年、放置したり、何度も繰り返したりしていると、パターン化してしまい、何事にも「悲観的な人」になります。

「悲観的な人」は、新しいプロジェクトの企画書をみれば「この計画も失敗するに違いない」と考え、誰かに挨拶しても気づかれなかったときには「気づいていたのに無視したに違いない」と思い込むなど、合理的な根拠もなく否定的・悲観的な解釈をしてしまいます。これでは、最善の意思決定などできません。

また正反対の例もみられます。本来の性格に加え、経験によって楽観性が強化された人は、根拠なく「今回のプロジェクトもうまくいく」と信じて疑いません。リーダーにはある程度の楽観性が必要ですが、慎重さや緻密さを欠くほどの楽観は、統率者として問題です。リーダーが自身の有能さを発揮するには、楽観性、悲観性をバランスよく併せ持つ必要があります。

実際に成果を出しているリーダーの方は、楽観性と悲観性のマネジメントに長けていて、両者を以下のように使い分けています。

■ **楽観性を使う場面**

①革新的な発想をするとき

②意欲を高めるとき

③スタートを切るとき

④障害に対処するとき

■ **悲観性を使う場面**

①ネガティブシミュレーションをおこなうとき

②緻密なリスク対策を実行するとき

楽観性・悲観性という能力の、意識的な使い分けが要になります。

ただし悲観性が強く「楽観的になりたくてもなれない」というケースもあると思います。その場合は、悲観性という能力を使って楽観性を手にすることも可能です。

たとえば「成功するかどうか」に対して悲観的な考えが起こったら「なぜダメなのか」という理由を細かく洗い出します。そして、それら一つひとつに具体的な対策を実行します。つまり、小さな「よし、これで大丈夫」を重ねていくわけです。悲観性を建設的に使い、成功する「根拠」「自信」を形成することができます。

「楽観性は、自分の手で作るもの」と意識しておくとよいでしょう。

結果を見すえた思考と楽観性

仕事を進める上では、さまざまな場面で優先順位を決める機会があります。このときもっとも重要なことは、「What（何を）」よりも、「Why（なぜ・何のために）」を考え抜くことです。

たとえばスタートアップ企業は、少数の社員たちが、たくさんのやるべきことを抱えています。プロダクトを作らなくてはいけない、営業をかけなくてはいけない、採用もしなくてはならない、プレスリリースを出しプロモーションもかけなくてはいけない、資金調達も——。

そのような場面では「何から手をつけよう」と考えがちです。しかし「なぜこの事業をおこなうのか」「何のためにおこなうのか」を明確にしないと、判断を誤ってしまうかもしれません。

また優先順位をつけるプロセスでは、それぞれの選択肢についてしっかり仮説を立て、検証していくことも重要です。仮説を立てるときに「現状把握」と「将来予測」をしますが、このとき注意するべきポイントは、心理的な視野を拡大して、物事を決めつけないことです。

心理的な視野が狭い人は想像力が働かないため、「やっても意味がない」と決めつける傾向がみられます。このような姿勢でいると、ビジネスの幅を狭め、企業としての伸びしろも縮小してしまいます。

これらを防ぐには、基本的に「先入観にとらわれないゼロベース思考」「柔軟性を持った発想、判断」「成功を前提とした楽観性」を持つことが大切です。

さらにリスクを健全に評価するには、ＥＱでいう「結果を見すえた思考」と「楽観性の発揮」を同じレベルでバランスよく活用することが重要です。これが適切でない場合、以下のような問題が起こります。

「結果を見すえた思考」が強い＋「楽観性の発揮」が弱い＝リスク面ばかり重視する
「結果を見すえた思考」が弱い＋「楽観性の発揮」が強い＝リスク面を軽視する

リスク面ばかり重視する人がチームにいると、プロジェクトが止まってしまうこともあります。スタートアップや新規事業立ち上げの際には、構想の段階でリスク面を健全に評価できるよう、実行するメンバーの傾向を把握し、もし乱れているようなら自己認識を促し、思考の歪みを整える必要があるでしょう。

意思決定から誤った思い込みを排除して、感情をうまく利用する。これが、健全な判断や行動を実現する鉄則です。

2-4 【ＥＱ力ではたす６つの役割】③部下をやる気にさせる

部下を鼓舞する「苦しみを超える喜び」とは？

毎年、季節が春めく3月に開催される「東京マラソン」には、およそ3万5千人を超える人々が参加します。ランニングが好きな人にとっても、フルマラソンは決して楽なものではありません。およそ4時間半から6時間もの間、つらい思いをしながらひたすら頑張って走り続けます。

では彼らは一体なぜ、自ら苦しみの中に飛び込んでいるのでしょう？

ランナーたちからは、「普段、走れない都心の車道を、主役として走れるのが快感」「お祭り騒ぎに参加するのが楽しい」「沿道の人々に応援してもらいながら走るのが嬉しい」など、さまざまな声が聞かれます。共通しているのは、彼らは苦しさをはるかにしのぐ楽しさ、喜びを手にしていることです。

さらにゴール直後のコメントでは、「完走を目指してトレーニングしてきた、その成果が形になって感激した」「自分の限界を超えて頑張れたと思う。とても満足している」「つらいなか、沿道の人たちの温かい応援が耳に入って、人の思いがこんなにも自分の力になると初めて知った」などと語っています。たんなる「楽しさ」を超えた、深い喜びを手にしていることがわかります。

自分なりの高い目標を達成したこと、あるいは達成のために限界まで頑張ったこと、そのプロセスで経験した出来事について、ときに涙ぐむようにして語る姿を皆さんもご覧になったことがあると思います。私はこの姿が、人のやる気、モチベーションの源泉のひとつを教えてくれているように感じます。

それでは本題に入りましょう。リーダーが担う「部下をやる気にさせる」という使命には、3つの課題が存在します。

◇重要な価値があるという意識を作り出すこと
◇やる気と熱意をうまく引き出すこと
◇人の心の問題に対処すること

ひとつ目の課題は仕事の価値を理解させることですが、これがモチベーションにつながると理解しているリーダーは、残念ながら多くありません。しかし社員の心に響くよう伝えることができれば、本人のモチベーションはもちろん、仕事の質や効率、本人の成長や幸福度のアップに大きく寄与します。その効果を、モデルストーリーを通して説明します。

ふたつ目は社員のやる気を引き出すことに関連して、内発的モチベーションと外発的モチベーションの特性、そしてその上手な使い方を、心理学の知見を用いながら紹介します。「やる気」という感情の仕組みを理解し、成果につなげるスキルを伸ばしていただきたいと思います。

最後の課題に関しては、社員の心の問題を最小化し、また問題が小さな芽のうちに対処するための「会社の仕組み作り」、そしてタイプ別の具体的対応策をお話しします。これらは「意欲の喪失」に対する、効果的な対処法です。

人は崇高な意義を求める

業務の中には、面白みを感じられない作業が山ほどあります。そういった作業についてもやる気をもって臨んでもらうためには、何が必要なのか——？

そのヒントになる、定番のモデルストーリーを紹介しましょう。

街を歩いていた男性が建設現場を通りかかると、3人のレンガ職人たちが作業をしていました。そこで「あなた方は何をしているのですか？」と尋ねると、彼らはそれぞれ異なった答えを述べました。

職人Ａ「見てのとおり、レンガを積んでいるんですよ」

職人Ｂ「この街いちばんの、大きな聖堂を建てているんです」

職人Ｃ「街のみんなが集って、悲しみを癒し、喜びを分かち合い、恵みに感謝し、幸せを祈る場所を作っています」

この3人がおこなっているのは、まったく同じ作業です。しかし、その受け止め方が（本心を隠したり、シャイで不器用な職人気質などは考慮せず、言葉どおりに受け取るとすれば）大きく異なります。

職人Aは、目の前の「作業」にだけ、意識を向けています。

職人Bは、視野を広げ、その作業によって成し遂げる「目標」を意識しています。

職人Cは、さらに深いものの見方で、その作業がどのような価値を生み出すかという「目的」を意識しています。

3人の違いは、取るに足らないことに思えるかもしれません。仕事への意識の持ち方が違うだけで、おこなっている作業も賃金も同じです。しかし表面的には同じ現実を体験していても、この意識の違いが、彼らの仕事の質にも、幸福度にも、人生の質にも、計り知れない差を生みます。

職人Ｂについて考察していきましょう。彼は自分がおこなっているあまり面白くもない作業が、立派な聖堂の建立という結果につながることを意識しています。おそらく誇りや喜びを感じながらレンガを積んでいるだろうと想像できます。

自分がおこなっている「部分的」な仕事が、どのように価値ある「全体」の一部であるかを知る。それが仕事に対する情熱、使命感、従事する喜び、誇り、幸福感、ストレス耐性などを強化するのです。

では職人Ｃはどうでしょうか。彼は職人Ｂより、さらに深い視点からで自分の仕事の本質的な意義、つまり「目的」やその「価値」を意識しています。「自分が根気強くレンガを積むことで、たくさんの人々の癒しの場、祝福の場、慰め合う場が生まれる」、そう認識している彼は、大聖堂ができあがって、そこに人々が集う姿をありありと心の中に思い浮かべ、作業をおこなうことができます。

その効果として、仕事に対する情熱、使命感、従事する喜び、誇り、幸福感、ストレス耐性は、さらに高まっていると想像できます。このような人は、たとえ困難な状況に遭遇してもそれを苦労と思わず、乗り越えがいのある課題と受け止めて、果敢に挑戦することができます。

この逸話が示しているのは、仕事の表面的な部分だけを見るのでなく、その奥深くにある「本質的な意味や価値」「真の目的」を知る。それが本人の意欲と幸福度、そして仕事の成果を変える実際的な力を持っているという事実です。

この話を参考に、いますぐリーダーが実践できることがあります。

部下に仕事を指示する際、「なぜ、あなたに頼んだのか」「この仕事をしてもらうと、ほかの同僚や会社にとって、どのように役に立つのか」「顧客はどのように喜ぶのか」「これはどのような意義ある活動の一部なのか」など、その価値について真っ直ぐに語ってください。そしてそれをリーダーとしての習慣にすることをお勧めします。

報酬が逆効果になる——やる気と熱意を引き出す法則

リーダーが部下のやる気と熱意を引き出すには、モチベーションについて熟知していることが必要です。すでにパート1で述べたとおり、モチベーションには「内発的」「外発的」のふたつがあります。

■内発的モチベーション

興味・関心、好奇心、達成感、成長感など

↓「創造性を必要とする仕事」や「正解のない仕事」をさせるときに有効

■外発的モチベーション

金銭的報酬、地位的報酬、心理的恐怖など（いわゆるアメとムチ）
→「正解のある仕事」や「定型業務」などをさせるときに有効

これを念頭に、モチベーションの心理学的研究をいくつかみていきましょう。以下で述べるのは、アメリカの著名なビジネス系ジャーナリスト、ダニエル・ピンクが、世界から注目を浴びるプレゼンテーション・イベント「ＴＥＤ（Technology Entertainment Design）」でおこなった講義、「やる気に関する驚きの科学」で紹介したものです。

プリンストン大学のサム・グラックスパークは、「インセンティブ（Incentive：報奨）」が行動にどのように影響を与えるか調査する実験をおこないました。

彼は被験者たちに対して、ひとつのクリエイティブな作業を課題として出しました。壁際にある机の上に、①箱に入ったたくさんの画びょう、②1本のロウソク、③マッチを置き、「このロウソクを壁に取りつけて灯し、机にロウが垂れないようにしてほしい」という課題でした。

もっともシンプルな解決法は、画びょうが入っている箱を、画びょうを使って机の脇の壁に固定し、そこにロウソクを立てる方法です。ただし多くの人は、画びょうの箱を「ただの入れ物」と認識するので、これを材料として使うことを思いつくまでに、時間がかかります。

グラックスパークはこの実験の被験者たちをふたつのグループに分け、それぞれに異なった説明をしました。

グループA「この課題を解決するのに、平均でどのくらいの時間がかかるのかを調べたい（とくに報酬はない）」

グループB「この課題を解決する時間を競ってもらう。上位25％の人には5ドル、トップの人には20ドル、報酬を与える」

ちなみにこの実験は40年以上前のものなので、被験者が受けた報酬の貨幣価値は現在よりずっと高いものになります。

結果は、報酬を約束したグループBのほうが、課題解決までに平均で3分30秒、長い時間がかかりました。報酬が成果に結びつかなかったのです。そして同様の実験がこの40年の間に何度も追試され、そのたびに「報酬は役に立たない」という結果が示されました。

さらにグラックスパークは、作業のタイプによる報酬の効果を調べるため、もうひとつの実験をおこないました。

先ほどと同じ課題を、グループA、グループBに同じ条件でおこなわせました。ただし、画びょうを箱から出して置いたので、机の上には、①空の箱、②たくさんの画びょう、③1本のロウソク、④マッチ、の4つが置かれていました。空の箱が「道具として使ってください」と言わんばかりに置かれ、課題の答えが目の前に示されていたのです。その結果、報酬を約束されたグループBのほうが、早く課題を解決しました。

これらの実験からは、「外発的モチベーション」は、定型業務や正解のある仕事には効果があるものの、クリエイティビティが必要な仕事や正解のない仕事には効果がないと解釈することができます。

これを検証する、ほかの実験も存在します。アメリカ、デューク大学のダン・アリエリーが3人の同僚とともにおこなった、MIT（マサチューセッツ工科大学）の学生を被験者にした実験です。

学生たちには、さまざまな種類のゲームが与えられました。クリエイティビティが要求されるもの、運動能力が試されるもの、集中力が必要なものなどです。そしてゲームの成績にしたがって、3つのランクの報酬を与えると提示しました。その結果、以下の3つの事実が示されたのです。

◇機械的におこなえる作業の場合は、報酬がパフォーマンスを向上させる
◇その場合、報酬が大きいほど、パフォーマンスがよくなる
◇多少でも認知能力が要求される作業の場合、より大きな報酬は、より低いパフォーマンスをもたらす

このうち3つ目の「報酬が大きいほどパフォーマンスが低下する」という主張については、疑問に思う方が多いと思います。「報酬が効果を発揮しないということなら理解できるが、報酬が大きいほど成果が下がるというのは理解しがたい」「それは一般化できる現象なのか」と、疑わしくも思えます。

しかし、これは事実であることが示されています。ＬＳＥ（ロンドン・スクール・オブ・エコノミクス）が企業の成果主義に関する51例の研究を分析した最新の研究では、「金銭的なインセンティブは、全体的なパフォーマンスに対して、マイナスの影響を持ちうる」と結論づけられています。

これらの実験を紹介したダニエル・ピンクは、現在、ビジネスの現場ではモチベーションアップのため、もっぱら「外発的モチベーション」ばかりを活用しているけれど、これは20世紀までのやり方であり、21世紀を迎えた現在の仕事内容を考慮すると「通用しないどころか害になる場面が多い」と指摘しています。

21世紀の現在、「答えがある仕事」「定型業務」は、ソフトウェアロボットなどを用いて自動化が進められ、人が担う仕事は「答えのない仕事」「クリエイティブな仕事」へと変化しています。その流れを受け、社員のモチベーションを上げるための「甘いアメ」や「鋭いムチ」が役に立つ場面は減少しています。

社員の心をどのように突き動かし、内発的モチベーションを喚起させられるか――。リーダーには、その能力が問われています。

社員の心の問題に対処するには、会社の仕組みの問題から

組織をやる気にさせるためのもうひとつの課題は、人の心の問題に対処することです。

当人が心に重荷を抱えている状態では、どんなに仕事への興味・関心をかき立たせようとしても、また達成感や成長の実感を味わわせようとしても、なかなかうまくいきません。

ただし、これが一筋縄ではいかないことは、どなたも実感していることと思います。

人の心の問題は多種多様で、程度も異なり、すべてのケースに適用できる具体策は、そう多くありません。しかし、心の問題の原因をできる限り最小化したり、問題を小さな芽のうちに対処したりするための「仕組み作り」は有効です。

最初におこなうべきことは、会社の問題を見つけ出し、その問題を正すことです。

これには問題を抱えている社員への聞き取りや、無記名のアンケートをおこなうなどして、率直な意見を収集することが必要です。多くの企業で、社員から広く事業企画をつのる「企画提案制度」が導入されていますが、現在では同様の「社内改革提案制度」を、親しみやすい名称をつけて実施するケースが増加しています。

社員の心を害する原因として、多くの企業では以下の問題がしばしば挙げられます。

◇教育制度が不十分→「ちゃんと教えていないくせに〝できない〟と叱る」「皆、忙しくて教えてくれない」

◇指導者の能力が不十分、評価が不適切→「リーダーが間違った指示を出す」「したがうことが虚しい」「手柄を横取りされる」

◇担当業務の振り分けが公正ではない→「苦手なことばかりやらされる。私は理解されていない」「自分ばかり仕事が増える」

◇評価が公正でない→「アピール上手な人が評価されて縁の下の力持ちは不利」「特定の人ばかりひいきされる」

◇評価制度、昇給昇格制度に魅力がない→「頑張っても明るい未来が見えない」「頑張る意味がない」

どれも社員のやる気を削ぐのに十分な会社の問題です。

総じてみると、社員たちが公正さを強く求めていて、理不尽な目にあうことで会社に深く失望することがわかります。理不尽なことは、ちょっとした配慮の欠如、共感力の欠如によって起きてしまいます。

たとえば「社員を積極的に表彰しよう」という前向きな制度を導入することがあります。このような場合にも、公正さが欠けていると、かえって社内のやる気を低下させます。

Aさんが何日も残業をして、苦労しながら仕事を完成させたことを表彰する。これは一見、よいことのように思えますが、同じ仕事をスピーディにラクラクやり遂げた有能なBさんが、Aさんへの表彰を温かい目で見てくれるとは限りません。Bさんにとっては「有能ゆえに表彰されない」という現実を突きつけられているからです。これでは、Bさんのモチベーションも、会社への信頼も、急降下してしまいます。

これは「プロセス」ばかりを重視して「成果」をないがしろにした評価である点が問題です。頑張ったこと（プロセス重視）、結果を出したこと（成果重視）、双方の視点を持ち、評価制度全体を自社にとって適切なバランスに構築することが大切です。

また近年では、自分で設定した目標をクリアできるかどうかを評価に加えるケースがあります。これは、その人なりの成長を促す目的でおこなわれますが、評価する側が「目標達成の難易度」を考慮しないと、公正な評価ができません。

たとえば自分の能力よりもかなり高い目標を設定し、並々ならぬ努力をして目標達成したCさんと、能力からすれば低い目標をあえて設定して、すんなり達成したDさん。このふたりを同じように「目標クリア」として処遇する評価制度だと、公正さの点で疑問符がつきますし、Dさんの成長は促されません。

このように、制度やその運用が、個人に対してどのような効果を生むかはもちろん、ほかの社員、組織全体にどのような影響をもたらすかという視点を、つねに忘れないようにしたいところです。

社員の心の問題を小さな芽のうちに摘むには、こういった制度の改革と併せ、マネジメントの仕組みを充実させる必要があります。

◇現場リーダーやマネジャーに、マネジメントスキルの教育をする
◇社員たち自身がセルフマネジメントをおこなえるよう教育する
◇外部の専門家を顧問につける（ＥＱ、コーチング、コンサルタント、社会保険労務士、臨床心理カウンセラーなど）

社内の身近なところに「見守る人」「相談できる人」を置くことは前提ですが、外部専門家の活用を進める企業が近年、増加しています。相談内容は会社や職場の人々に関するデリケートな話題となるため、どうしても社内の人には言いづらい、ほかの人に知られたくないというケースが多く、また、その場しのぎのアドバイスではなく、自分が抱えている心の問題を根本的に解決できる専門家に相談したい、という要望も強く聞かれます。

ここでは、具体的な対策を考えるうえで、ひとつの秘訣をお伝えしましょう。

図3　タイプ別　能力・意欲の指標

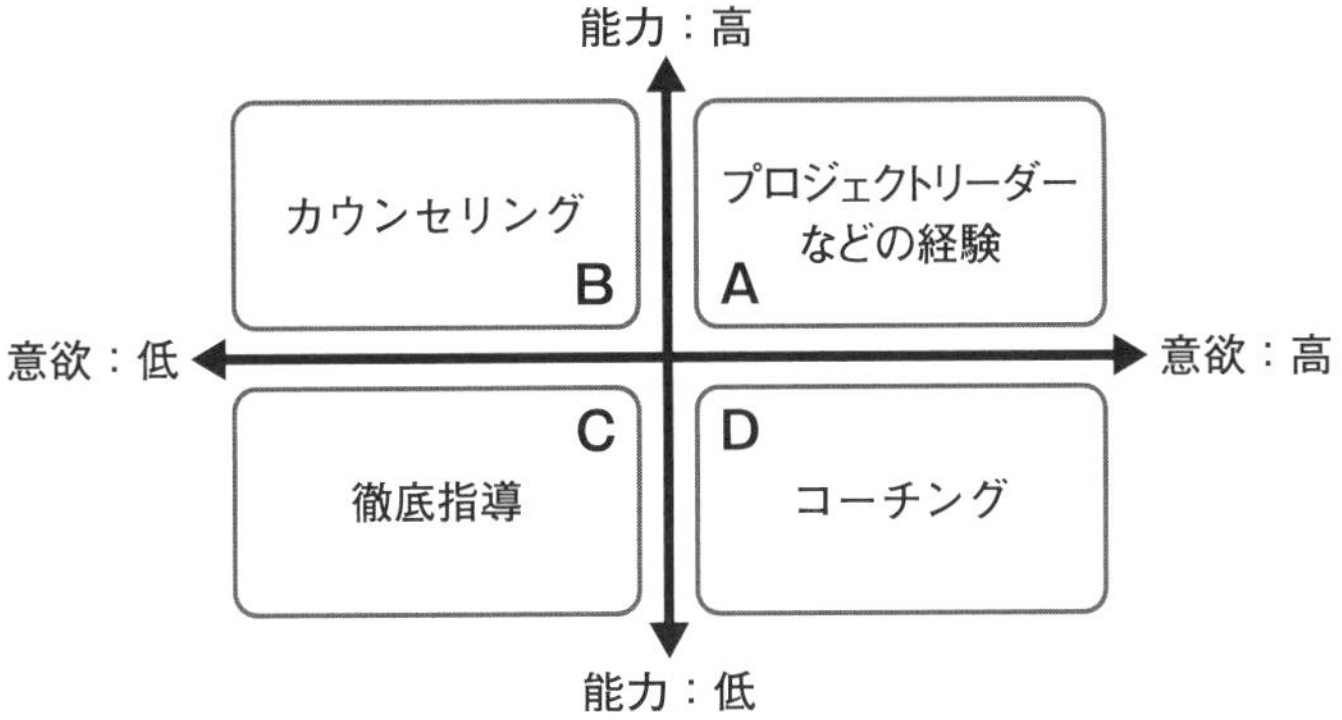

社員個々人には、能力の差、意欲の差が存在します。**上図**はこれをマップにしたもので、能力と意欲を指標にして4つにタイプ分類しています。以下ではタイプごとに、心の問題を解消し、やる気につなげるためのヒントを記しています。

【タイプA】（高・能力、高・意欲）
→主体性を発揮させる経験をどんどん積ませることで、能力も意欲も向上するので、適当なポストがない場合はプロジェクトリーダーなどを任せる

【タイプB】（高・能力、低・意欲）
→高い能力を活かそうとしない原因を探るため、カウンセリングを実施する。心の訴えを聴き、問題を整理して提示し、解決をサポートすることが必要

【タイプC】（低・能力、低・意欲）

↓能力も意欲も乏しい場合は、「徹底指導」で対応する。ときには「四の五の言わず、黙ってやれ！」という姿勢も必要だが、「君はどう思う?」と考えさせるトレーニングを根気強くおこなうこと

【タイプD】（低・能力、高・意欲）

↓意欲を最大限に活用して能力を少しずつ高めていくため、コーチングを活用する。課題の見つけ方、受け止め方、解決策の見出し方を、ガイドしてもらいながら一歩一歩、身につけてもらう

社員を伸ばすには、個性や資質を考慮した手法を選ぶことが大切です。リーダーがマネジメントのかじ取りを間違えると、社員をつぶしてしまうことにもなりかねません。知識とスキルを身につけ、共感力を活用して個人を深く理解し、マネジメントに取り組んでいきましょう。

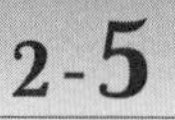

2-5 【ＥＱ力ではたす6つの役割】④理念を息づかせる

経営理念から日々の業務へ

いまやっている仕事には、どのような意味があるのか？
自分が手掛けている作業は、どのような価値を生み出すのか？
自分にとって仕事とは、いったい何なのか？

これらの答え、つまり理念を自覚したとき、仕事に向かう意欲も、仕事の成果も、本人の幸福度も、成長のスピードも、加速度をつけてアップしていきます。前項でご紹介した3人のレンガ職人のモデルストーリーも、理念の効果を表したものです。

もちろん、企業理念をただ作ればいいというわけではありません。

経営者の心の奥底から理念の種を見出し、それを適切な言葉で表現する必要があります。さらに社員たちが理念を深く理解・共感するよう、ワークショップや研修プログラムをおこなうことも重要です。さらにその理念を日常の業務に活かして、はじめて効果を発揮します。

では「理念」とはそもそも何であるのか、「ビジョン」「戦略」「戦術」との関係性と併せ、確認しておきましょう。

■理念（目的）

「自社はそもそも世の中にとって何のために存在するのか」「どのような社会を実現するために存在するのか」という、この社会に存在する目的、使命、存在意義。企業により「ミッション」「社是」などとも呼ばれる。達成されると用済みになってしまう「ビジョン（目標）」とは異なり、何世代にもわたる企業活動を通じて追究する崇高で壮大な願い。そのため内容は、普遍的・永続的なものになり、基本的に表現は抽象的になる。

■ビジョン（目標）

理念にもとづいて立てられた具体的な目標。理念を具体的にどのような形で実現するかを明確に表すもので、基本的には達成する期限や数値目標などを含めて表現する。近い将来の理想像。中長期的な目標。達成されれば新たなビジョンに置き換えられる。

■戦略（手段）

ビジョンを実現するため、実際にとる手段。目標を達成するため実際に何をするかという、大局から見た具体的なシナリオ。中長期的なもので、頻繁に変更されることはない。

■戦術（実行策）

戦略を実行するための、詳細で具体的な実行策。短期的な「いつ、だれが、何をするか」という計画で、状況に合わせ柔軟に変更される。

企業が存在する「目的」である理念、これを最上位の概念として、それを実現するため「目標」→「手段」→「実行策」というように、具体化して落とし込んでいきます。こうして力強い柱を一本、通すことで、会社の理念が明瞭に反映されたビジネスが展開されます。もちろん最終的に創り上げた商品・サービスは、「理念の結晶」となります。

また理念は、社員たちの在り方、行動の柱にもなります。理念経営をおこなっている企業の多くは、理念にもとづいて「バリュー（価値・価値観）」や「クレド（信条）」を策定しています。

図４　理念の三角形

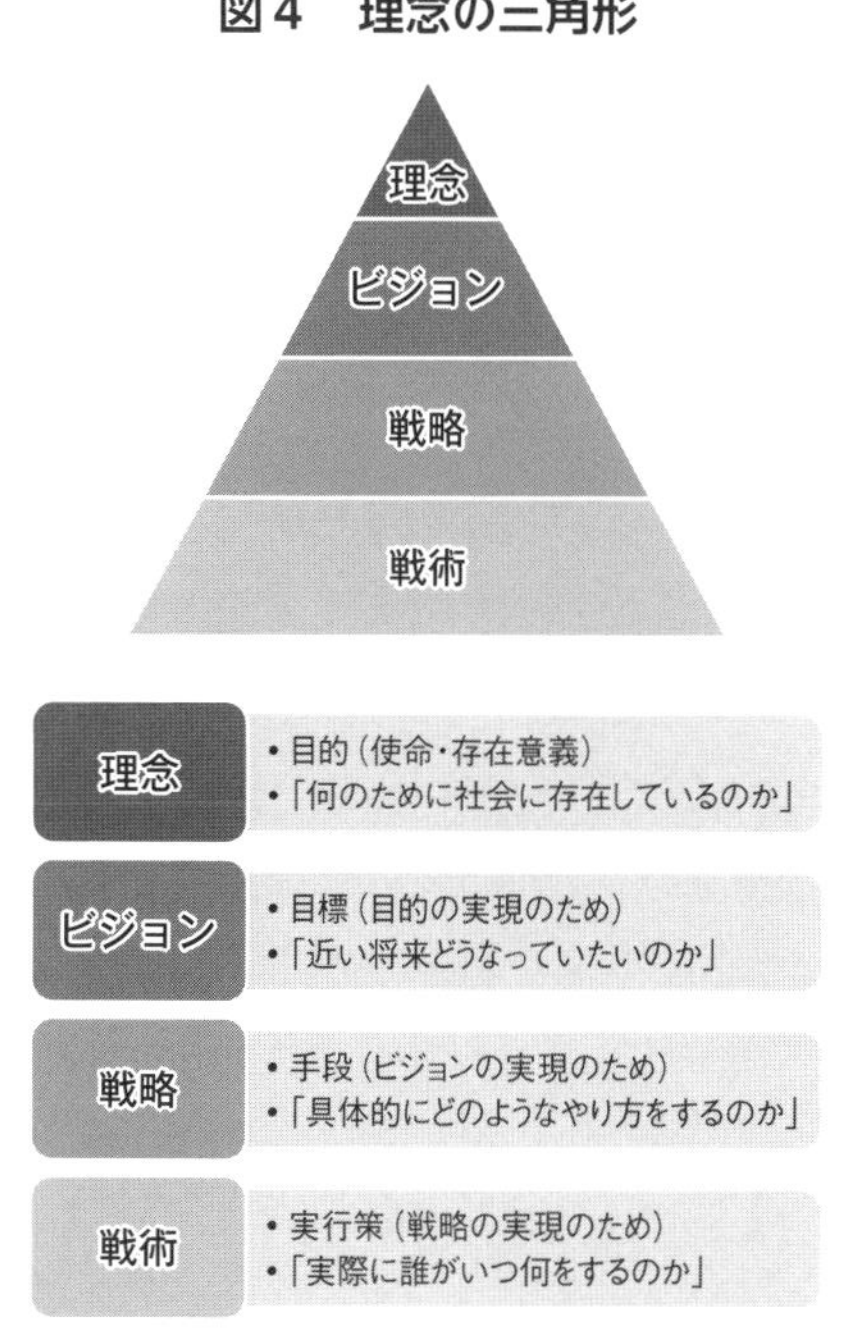

これらはその企業が大切にする価値観、提供する価値を、具体的にどのような行動で示すかを表したもので、社員たちの「行動指針」として活用されます。

理念の効力を発揮させるには、以下の課題を実行します。

◇経営者の本心からの思いを言葉にした、人々の心に響く理念を構築する
◇社員が理念を深く理解し、共感し、自分のものと実感するよう理念を浸透させる
◇理念を日常の業務に活用して、活動の隅々にまで息づかせる

多くの企業が、理念（＝ミッション、起業精神、社是）を掲げていると思いますが、残念なことに「お飾り」になっているケースがしばしばみられます。理念が企業活動全般におよぼす好ましい影響を考えると、これは非常に残念なことです。

では、本当に効力を発揮する理念とは、どのようなものなのか。そして、それを活用するとはどのようなことなのかをお伝えしていきましょう。

理念は経営者の思いを言語化したもの

正しい経営理念は、旅人を導く星、北極星のような役割をはたします。見上げるとつねに変わらずそこにあって、私たちはそれを頼りに進むべき方向を確かめ、道を誤らずに進んでいく

ことができます。

理念とはそのようなものであるべきです。それは、ビジネス環境が変わった、社長が交代した、事業を再編したなどの出来事で揺らいでしまうものではなく、絶対的に確かな存在でなくてはなりません。

理念から最大限の効果を引き出すには、まず理念そのものについて条件があります。

とくに重要なのは、理念が経営者の「本心からの思い」から発したものでなければならないということです。

そもそも理念は、世の中に立派な会社だと認めてもらうためのプロモーション・アイテムではありません。聞こえのいい言葉や、どこかで聞いたような借り物の言葉で飾って、よいイメージを作ろうとしても、そのような理念では効果は得られないでしょう。借り物の言葉では、社員や顧客の心に強く響かないからです。

実際に理念を本格的に構築・再構築するお手伝いをする際には、社長の思いを発掘する工程に長い期間をかけます。本心を掘り出し、それをぴったり言い表す言葉を見つけるのは、それほど難しいものだからです。

このプロセスで、多くの経営者は「自分がこういう人間だなんて、すっかり忘れていた」「これまで言葉になっていなかったけれど、自分が目指しているのはまさにこれなんだ」などといった発見をされます。

規模の大きな会社に多いケースですが、理念の構築・再構築を、社員を巻き込んだプロジェクトとして実行することがあります。

プロジェクトではメンバーそれぞれが「自分はどのような人間か」「この会社を通じて社会に何を成したいのか」を自問して掘り下げながら、創業者の思い、会社の歴史、過去のよきレガシー、乗り越えた困難、それらへの思いなどを記録から掘り起こし、さらに現在の社長にインタビューをおこなって、会社のＤＮＡを深く理解します。これらをワークショップ形式で対話を重ねながら進め、丁寧に理念を構築していきます。

このように理念を固めることができたら、次のテーマは社員が理念を深く理解し、共感し、自分たちのものと実感するよう理念を浸透させ、それを日常の業務に活用して、活動の隅々にまで息づかせることです。

理念を社員の心と業務のすみずみに浸透させる

できあがった理念を「言葉」として社員たちに伝えるだけでは、理念が息づくことはありません。「言葉」を伝えて頭で理解させるのではなく、深い共感・感動・敬意・誇りを心にもたらすことを目的としたアクションをとります。

もっとも重要なのは、社長自身が理念とその背景について、社員たちに直接、語って聞かせる機会を持つことです。

社長自身が、どういう姿勢で、何を考え、何を大事にして生きているのか、どのような夢や情熱を持って経営者になったのか、会社をどのように育て、そこにはどのような苦労の物語、成功の物語があったのか――。

理念の背景を知ることで、理解や共感が深まるだけでなく、社長個人への理解や好意が生まれ、会社への愛着を深めることにもつながります。

現在では、このような社長の話を中心とした「理念浸透プログラム」を実施する企業が増えています。集中して取り組める時間を確保し、丁寧に伝えることで実効性のある研修となります。

また理念や行動指針、会社の歴史などをまとめた小冊子を「ブランドブック」として制作し、社員や社外の関係者に配布するケースもみられます。このように形にすることで、その人の中で理念への意識が強化され、また手軽に読み返すことができるので、心の中に浸透させるにはとても効果的です。

そのほかつねに理念を思い起こせるよう、目に入る場所に掲示したり、理念が書かれた携帯用のカードや名刺を作ったり、さまざまな方法で理念を意識に浸透させていきます。

さらに社員たちには理念を活用する方法を、きちんと指導します。それには、やはり理念とともに、「クレド」「バリュー」などの行動指針を作って活用してもらうとよいでしょう。日常業務でさまざまな判断を下す際に、理念や行動指針にかなっているかをチェックし、日々を振り返る習慣を奨励することをお勧めします。

理念が社員の心に深く浸透し、日々の業務に反映されていくと、一人ひとりの心の中で仕事への誇り、使命感、責任感、愛着、意欲が次第に育まれていきます。そしてやがては、社員自身が理念を体現した人間になっていきます。

さらに現在では、理念は対外的にも重要なものとなっています。会社の公式サイトをはじめ、封筒や名刺など、社外の目に触れるものに掲載したり、事業や商品・サービスを説明する際に理念との関わりを含めて紹介することも重要です。

意識と行動が変わり、成果が変わる

理念の効果に懐疑的な社員は少なくありません。なかには「自分の仕事は補佐的な業務だからたいした意味などない」「理念なんて無関係だ」と思う人がいるかもしれません。

どのような業務であっても、それは何か大きな事業の欠くことのできない一部を担っています。そして、その業務をすることによって同じ仕事に関わる人々、自分が勤める会社、世の中の人々、そして自分や家族が、さまざまな利益を得ています。

リーダーたるもの、どんな業務にも価値があるということを、それを担う当人への感謝とともにしっかりと伝え、理解してもらわなければなりません。

部下の中には、自分は生活するお金を稼ぐためだけに仕事をしていて、ほかに生きがいを持っているから、仕事に時間も心も使いたくないという人がいるかもしれません。しかし、そういう人にとっても、理念に触れることによって、目の前の作業がこれまでほど退屈なものではなくなります。やがては、仕事に対する価値観も次第に変化していくでしょう。

理念の構築、浸透が適切におこなわれると、まず社員たちの意識が変わります。

しばしば耳にするのは「気持ちに張りが出た」「誇らしい」「姿勢を正すきっかけになった」「誠実に取り組もうという気になった」などの感想です。

また「これまでは数字を稼ぐことばかり意識していたけれど、お客様と喜び合える姿を思い浮かべて仕事をするようになった」「これまでと同じ仕事をしているのに、視点が変わったらやりがいを感じるようになった」といった声を聞くこともあります。

こうした効果は次第に拡大し、自然と仕事への姿勢・方法が変わっていくのです。この成長は、理念や行動指針を日常的に活用することで促されるものです。

一見遠回りに見えますが、理念は非常に実用的です。とくに判断の機軸として有用に機能するので、明確な回答が出せず迷ったり、トラブルが起きて混乱したり、不安なことが生じたときのよりどころになり、判断が大きくブレることがなくなります。

このように変化した社員は、質の高い仕事をすることを目指し、喜んで厳しさの中に身を投じていきます。彼らが求めるもの、そして彼らを駆り立てるものは、仕事から得られる「意味的報酬」です。次にこれをみていきましょう。

「意味的報酬」が社員を変える、会社が変わる

「意味的報酬」とは、仕事から得られるさまざまな喜びのことです。

私たちは仕事を通じてさまざまな報酬を手にします。給与や賞与などの「経済的報酬」、地位、役職などの「社会的報酬」、そしてもっとも重要なのが、この「意味的報酬」です。

それは、やりがい、達成感が感じられる、仕事に誇りを持てる、仕事の能力が上がる、人間的に成長できる、社会に貢献していることが実感できる、人々と好意的な関係を築き、それを楽しめる、自分が人々から理解され、評価されていると感じる、自分らしさを実現できている、自分の願いを実現していると感じる――といったものです。

これらは決して不確かなものではなく、先に挙げた報酬とくらべても強いパワーを持つものです。

「意味的報酬」のひとつに、たとえば「貢献感」があります。人々の幸せのために、自分を役立てることができたという満たされた思いです。自分がおこなった仕事によって、誰かが不便な生活から解放された。痛みや苦しみから救われた。楽しさを味わうことができた。美味しさを味わうことができた。そういった成果をまざまざと知る経験をしたとき、心の底から湧き出てくる幸福感です。

あるいは「自己実現感」も重要な「意味的報酬」です。これは自分らしい個性や資質を、仕事を通じて活かすことができたときの喜びです。自分なりの思い、知識、技術、感性、アイデアを駆使してやり遂げた仕事は、それこそ自分の分身のようなものです。「自分を形にすることができた」「自分だからこそ成し遂げられた」、そう実感できたとき、人は自分の価値を知り、自分が自分であることの幸せを深く味わいます。

こうした喜びを積み重ねていったとき、仕事をするのが嬉しい、楽しい、もっと頑張ろうという気持ちになります。そして、その仕事に人生をかけてもよいと確信できる、そんな瞬間さえ訪れることもあるのです。

逆に、このような「意味的報酬」に意識を向けずにいると、たとえ豊かな「経済的報酬」「社会的報酬」が手に入っても心が満たされない、ということになりかねません。

本物の理念が一人ひとりの心に浸透していく様は、静かな湖面に投じた一石が、ゆっくりと波紋を広げていくような変化です。リーダーはこのように、意識を変えることで現実を変えることができます。

2-6 【EQ力ではたす6つの役割】⑤変革に一歩、踏み出させる

人は反射的・本能的に変化を嫌う

現場が変化を嫌がって、ほんの小さな改革も進まない、変革を起こそうという意欲が乏しい……。これは多くの経営者、リーダーの悩みどころです。

新しいシステムを入れることにした、新たにBtoC事業を始める、来週から新しいシステムで日報を書いてもらうなど、ビジネスの現場では、日々さまざまな変化が生じます。ところがこうした変化に、社員たちがすんなりと従ってくれるとは限りません。

リーダーとしては、会社主導の変革に柔軟に対応してくれることはもちろん、一人ひとりの社員が自らも改革意識を持ち、自律的に新たなチャレンジに乗り出してくれることを期待していますが、多くの場合、そう上手くは進みません。

前提として理解しておきたいことは、変化を嫌うのは、人間にとってごく一般的な傾向だということです。というのも、やり慣れたことにくらべて、新しいことへの取り組みは、脳のエネルギーを余計に必要とするからです。

たとえば社員の負担を軽減するために業務システムを導入する場合でも、社員は使い方を覚え、新たな作業手順を覚えなくてはなりません。十分に慣れて、何も考えずに使いこなすようになるまで、脳を懸命に働かせる必要があります。

これはあらゆる変化についても同様です。人は脳の消費エネルギーをセーブするため、さまざまな活動をパターン化しているのですが、自分の中でできあがっているそのプログラムを変更するとなると、新たなエネルギーが必要です。そのため、人は変化を求められると反射的に抵抗感が生じるのです。

ところが「独立して会社を興そう」という起業家は、ほとんどの場合、この一般的な例に当てはまりません。むしろ変化に抵抗がなく、チャレンジャー気質を備えているから独立起業しています。

そうすると、とくに創業経営者の場合は「一般的に人は変化を嫌う」という事実に気づくことができません。そして変化を「当然のこと」として社員たちに要求してしまい、うまくいかずに悩んでいるケースが多いのです。

自らが野心的、挑戦的、開拓者的なトップやリーダーが社内に変革意識を推進するなら、この事実を心に留めておくことが重要です。

変革推進者が心がけるべき3つのポイント

変化を好まない人々に、スムーズに変革を受け入れてもらうには、背景、目的、期待効果の説明を十分におこない、それに関わる人々にどのようなベネフィットがあるかを具体的に伝えることが重要です。

とくに「経営者の期待」と「現場の期待」のすり合わせは大切です。このギャップを埋めることで協力的な姿勢が生まれ、物事を一気に推し進めていくことができるようになります。ポイントは3つ挙げられます。

◇経営者は、どのような未来を期待しているかを明確に言語化する
◇社員が共感し、その未来に期待することができる
◇社員に「その未来を実現するために自分も貢献できる」という期待感が生まれて初めてスタートする

実現のカギは、社員たちの感情を動かすことです。「変えたほうが会社のメリットになる」と頭で理解しただけでは、本能的な「変えたくない」「変わりたくない」という感情に打ち勝つことが難しい場合もあります。

その一方、「この変化を受け入れると、素晴らしいことが待っている」、人はそう確信すると、

喜んでその変化に飛び込んでいきます。社員たちを未来に対してワクワクさせ、「変えたい」と感情を動かすことができたとき、全社が一丸となった高い推進力を武器に、変化・成長へと進み始めます。

チームの変革意識を育む感情、環境へのアプローチ

変化を好まない部下たちの心に「変革意識」を育むには、日頃からのトレーニングが必要です。次に示す課題を意識して実行策を習慣にすると、変化に対する抵抗が和らぎ、変革を実行するためのよい下準備になります。

◇部下の視野を広げる
◇変化やそれへの適応を受け入れる土壌を作る
◇柔軟でクリエイティブな思考と意思決定を推進する

ひとつ目に挙げた「部下の視野を広げる」を実現するには、小さな変革の成功事例に触れる機会を日常的に作ります。経済産業省や中小企業庁の事例集、ビジネス系メディアのレポートをはじめ、他社を見学するフィールドワークも効果的です。

事例のレポートはデータ集ではなく、当事者のインタビューなど生の声が聞け、ストーリー

として綴られているものがお勧めです。

他社の見学は、すぐに自社に取り入れられる発見も多く、役立つことが多いものです。ご縁のある他社に協力をあおぎ、オフィスや作業現場の見学に出向くと、会社のムードをはじめ、自社とは異なる習慣を体験して、刺激になるでしょう。

こういった活動は、3つ目に挙げた「柔軟でクリエイティブな思考と意思決定を推進する」という課題をクリアする上でも有効です。

というのも、さまざまなサンプル事例を自分のアイデアの種として蓄積していくと、後に点と点が結びついて、斬新な発想につながることがあります。これはアップル社の共同創業者・スティーブ・ジョブズが言うところの「コネクティング・ザ・ドッツ」です。

ジョブズ氏は、たとえそれだけでは活用できない知識・情報・経験の断片であっても、後にそれらがつながってクリエイティブな発想を生むことがあると説明し、脈絡のない学習や経験を「意味がないもの」と思わず、積極的におこなうよう勧めています。

ふたつ目の「変化やそれへの適応を受け入れる土壌を作る」ためには、精神面、環境面へのアプローチが必要です。精神面へのアプローチとしては、社員に「変化を嫌うのは自然なことだが、成長するには変化が不可欠である」ことを説き、反射的な変化への抵抗を緩和し解除する「感情のリテラシー」を伝える機会を設けます。

ＥＱでは感情面へのもうひとつの重要なアプローチとして、不安・恐れへの対処（いわゆる「心理的安全性」の確保）をおこないます。コンピテンシーの「自己パターンの認識」「楽観性の発揮」「結果を見すえた思考」がポイントになるので、これをリーダーがガイドできれば理想的です。

伝えるべきメッセージと、とるべきアクションの概要は、次のようになります。

①「変化、挑戦には程度の差はあれ、不安や恐れがともなうもの」と伝える
②不安や恐れは成功の助けにならず、安易な撤退や消極的な実行（による失敗）につながりやすいことを理解させる
③自分の感情に意識を向け、変化・挑戦への不安や恐れがあれば、その原因を仔細に探って特定する
④変化の障害となっている原因を解消するアクションをとる

変化・挑戦に対する不安や恐れは、過去の失敗体験を消化できていなかったり、悲観的な思考・行動パターンにはまっているといった原因から生じているケースが多くみられます。こうした原因を、事実の提示と感情のリテラシーによって解消していきます。

たとえば、悲観的な思考・行動パターンの人に対しては、それらの思考・行動がまったく根

捗なくおこなわれていること、その結果が自分にとってプラスにならないことを理解させます。

過去の失敗体験を消化できていない場合は、「失敗」はそこから学ぶことによって、「苦い思い出」ではなく「有益な経験」にすることができることを伝え、失敗を振り返り、二度と同じ失敗を犯さないために気をつける点を洗い出します。こういった作業を通じて、「次は大丈夫」という思いに変えていきます。

変化・挑戦に踏み出すには、ある程度の「楽観性」が必要ですが、すでに紹介したように、「楽観性は作るもの」です。嫌なものはしょうがない、不安になるのは仕方がないと放置するのではなく、感情に対して丁寧に対処することが重要です。

環境面へのアプローチとしては、潜在意識のレベルから変化に慣れさせるため、負担なく体験できる小さな変化を体験させることが有効です。

しばしばみられるのは、オフィスの模様替えや席替えを定期的におこなうパターンです。模様替えは、オフィス家具の交換をする必要はありません。たとえばお正月、節分、お花見など季節に合わせて、店舗やイベントでみられるような大掛かりなデコレーションをほどこす方法があります。現在は、オフィス向けにこういったサービスを提供している会社があるので手軽に実施でき、社員の気分をリフレッシュさせる効果もあります。

また席替えは変化を体験できるだけでなく、あまりつきあいがなかった社員間のコミュニケーションを促進するなど、チームの人間関係構築という面でもよい影響をおよぼします。

そのほか会社として変化を奨励する策としては、ヨガ、茶道、マインドフルネス瞑想などの体験指導を実施するなど、外部の催しを定期的に案内し、参加費用の一部を会社が負担するなどの支援をしてもよいでしょう。

一歩を踏み出す勇気になる自己効力感を育む

積極的に変革に向かう勇気となる「自己効力感」は、スタンフォード大学教授のアルバート・バンデューラによって提唱された社会的認知理論の概念です。特定の状況下で、自分は目標を達成できる可能性があると認識すること、つまり「自分にはできる」という自信のことです。

自己効力感は、変化・挑戦する際には「勇気」として発揮されます。困難な挑戦であっても、「できない理由を探すより、できる方法を考えよう」と前向きに考え、立ち向かっていくことができます。

また、たとえ失敗しても、「今回はうまくいかなかった。では次はどうすればうまくいくか」と切り替え、比較的、早く立ち直ることができます。

自己効力感を高めるには、次の方法が挙げられます。

◇小さな成功体験（スモールステップ）

比較的、容易な目標を立てて小さな成功体験を積み重ね、「自分はやればできる」という気持ちになれるようにする方法。成功体験を増やすことが重要なので、十分に自己効力感がつくまでは、目標の難易度を上げないようにする

◇代理体験（モデリング）

身近な人物が目標を達成させるプロセスを詳細に観察し、自分がそれをおこなっているつもりでイメージトレーニングをする方法。「これなら自分にもできる」という意識を育む。著名人の成功エピソードは自分と同化させにくい一方、職場の先輩など身近なケースを選ぶことで、確信が高まる

マネジャーが部下に「理屈はいいから、黙ってやれ」と言うだけでは、気持ちが消極的なまま変革に取り組むことになってしまいます。成功を望むなら、リーダーには部下をより適切な感情に導くことが求められます。

2-7 【ＥＱ力ではたす６つの役割】⑥有益な人間関係を作り出す

人間関係の課題

社内の有益な人間関係とは、お互いが与え合う関係、あるいはともに成長を促す関係と言い換えることができるでしょう。

リーダーには、この使命をはたすうえで次の課題があります。

◇良好な関係を構築し、有益な関係に発展させること
◇部下同士の紛争を解決すること
◇人の心の問題に対処すること

有益な人間関係を構築するには、まず良好な人間関係を築くことが必要です。良好な人間関係の構築は、多くの方が苦労しているテーマです。人間関係には感情が深く関わっているため、頭ではわかっていても適切な言動をとることができなかったり、相手から期待したような反応

が得られなかったり、なかなか望むようにはいきません。関係の深化や、いったん悪化した関係の改善が難しいのは、周知のとおりです。

リーダーはチームをマネジメントする立場にあるので、自分と部下の間で有益な関係を築くとともに、メンバー同士の関係を有益なものに育成することが重要です。

これには人の心を真正面からとらえ、理性と感性を駆使してサポートする、高いスキルが求められます。感情的な問題を取り扱うため、ときに本気でぶつかり合う覚悟もいるでしょう。また、たんに良好な関係でなく、有益な関係に発展させるためには厳しさも必要です。

まずは良好な関係の構築から解説していきましょう。

人を嫌いにならない技術

職場では好き嫌いに関係なく、誰とでも理性的に接している――。そう思っている人でも、対人行動は好き・嫌いの感情に大きく影響を受けています。無意識のうちに、好きな人に対しては「親和的行動」「援助的行動」「依存的行動」「服従的行動」が多くなり、嫌いな人に対しては「回避的行動」「拒否的行動」「攻撃的行動」が多くなります。また好きな場合も嫌いな場合も、その感情ゆえに「支配的行動」がみられることがあります。

さらに、このような行為を受けたときの感じ方や受け止め方も、相手を好きか嫌いかで異なります。たとえば好きな人から援助的行為を受けたとき、「嬉しい」「感謝」「好意」などの感情が湧きますが、嫌いな人からであった場合、助けてもらったのに「不快」「嫌悪感」「悔しい」「腹が立つ」など否定的な感情が生じることもあります。

つまり、相手に対して嫌いな気持ちがあると、自分に有益なことや好意的なことをしてもらっても不快に感じることが多いのです。そうであれば、「まず人を嫌わない」という意識的な姿勢が必要です。そもそも人を嫌う感情は、本人にとっても苦しいものなので、これを取り除く必要があります。

好き・嫌いの感情は、実はかなりの程度、コントロールすることが可能です。

◇人の価値観は多様なものとつねに意識する
◇不快な言動を受けたとき、相手の性格のせいにしない
◇不快な言動を受けたとき、受け流す、面白がる、許す、感情を乱さず好意的な態度で相手に指摘するなど、自分なりの、場面にあった方法を選んで対処する
◇ラベリングによって不快な相手の言動、価値観の印象を緩和する

他者を嫌いだと思うのは、多くの場合、相手の言動がきっかけになっています。そして、その言動を生んでいる価値観や個性は人それぞれです。この「違い」ゆえに生じる理解できない、自分にはなじまないという感覚が、しばしば「嫌い」という感情につながっています。

そこで価値観・個性は、人それぞれと自分に言い聞かせ、「自分と違う他人」を認める努力をするようにします。子どもたちへの教育では「みんな違って、みんないい」という言葉で教えられていますが、まさにそのとおりです。

実際に、どうしてあの人はこんなことをするのだろう、あの人は正しくないと不快に思うケースは、しばしば自分だけの狭量な思い込みにとらわれていることから生じています。とくに仕事のやり方・進め方は個々人で異なり、それぞれ理由があった上でよかれと思うことをしているのに、これが理解されず、「なんでこんなことを」と腹立たしく思ってしまうケースが頻繁にあります。

「自分とは価値観が違うけれど、この人はこうなんだ」「自分の考えが唯一の正解だと思わないようにしよう」と、つねに意識していれば、感情を乱すことなく対処し、人を嫌わずにすみます。

また人の一般的な傾向として「自分のことは事情のせい、人のことは性格のせい」にしてしまいがちです。たとえば、自分が締め切りに遅れたのは「仕事の途中で、部長がほかの作業を頼んできたからだ」と考えますが、その一方、部下が締め切りに遅れたのは「性格がだらしないからだ」と決めつけてしまうパターンです。

人をできるだけ嫌わず、自分の感情を安定させ、人との関係も良好に築きたいと望むのであれば、事実はどうあれ、逆に考えたほうが有益です。つまり「自分のことは性格のせい」と考えて改善のヒントにし、「人のことは事情のせい」と受け止めます。

もうひとつの方法は、不快な言動を受けたときに「受け流す」「面白がる」「許すと決める」「感情を乱さず好意的な態度で相手に指摘する」など、自分に合った、ケース・バイ・ケースの対処をするものです。

これらは日常で自然とおこなっていることかもしれませんが、自分でそうと決めて実践すると意外に効果があります。嫌な目にあっても、大抵の場合はそのまま受け流し、知らぬうちに小さなストレスを抱え込んでしまいます。

ところが自分で「受け流す」「許す」と心の中で決めると、さほどストレスを感じなくなります。

「面白がる」は、嫌な出来事があったとき、仲のよい同僚や知人に笑い話として話し、気持ちを解消している人も多いでしょう。

どれも「自分の意思でやっている」と自覚的におこなうことが秘訣です。

最後に挙げた方法は、ラベリングによって嫌な出来事の印象や相手の嫌な印象を和らげるものです。

たとえば「あの人は本当に強情だ」と思ったときは、「あの人は信念が強い」と心の中で言い換えます。「ずるい人だ」と思ったときには「目端がきく人」と、「口うるさい」と思ったときは「面倒見のいい人」などとラベルを貼り替えるのです。

ラベリングは言葉を豊富に知っていることが必要で、読書量がものを言いますが、ネガティブな言葉をポジティブな言葉に言い換える用語事典といった書籍が複数、出版されているので参考にしてもよいかもしれません。

好意を持たれる基本法則によるマネジメント

心理学では、好意がどのように形成されるか、基本的な法則が示されています。リーダーは組織のメンバー同士が好意的な関係を築けるよう、次に挙げる基本法則を活用するとよいでしょう。これらは、いずれもよく知られた法則です。

◇人は物理的な距離が近い人に対して、好意を抱きやすい（近接効果）
◇接触する回数と好意は比例する（単純接触効果）
◇人は好意を持ってくれる人に、好意を持ちやすい（好意の互恵性）
◇人は同意見の人に好意を持ちやすい（同意の心理的報酬）
◇人は自分が助けてあげた相手に好意を持ちやすい（援助と好意の双方向因果性）
◇人は自分に対してオープンな人に好意を持ちやすい（自己開示の好意誘引性）

「近接効果」は心理学者・フェスティンガーの研究によるもので、家が近所である、席が隣であるなどの場合、その物理的な近さが心理的な近さをもたらす現象です。前項で、社員を変化に慣れさせる策として席替えの効果を紹介しましたが、定期的な席替えで、社員はさまざまなメンバーと「近接」する機会が得られ、関係性向上にもつながります。

また、席が近い人とは自然と会話が生まれます。心理学では「接触する回数と好意度は比例する」という傾向が指摘され、こちらは「単純接触効果」と呼ばれます。心理学者のザイアンスの実験結果では、とくに会話をしなくても顔を合わせる回数が多いだけで好意が生じやすいと報告されています。

取引先や顧客とのつきあいが多い営業担当者などは、用事がなくても間が開かないようこまめに訪問・連絡することを心がけていると思います。経験上、この効果を理解しているはずです。

「好意の互恵性」は心理学者・アロンソンとリンダーの実験によって検証されたもので、これも経験上、誰もが実感していると思います。好意を示すと好意が返ってきやすいので、好意的な行動、つまりちょっとした挨拶や声掛け、それほど負担のないサポートなどを積極的におこなうよう心がけるとよいでしょう。

「同意の心理的報酬」は、心理学者・バーンが検証したものです。会議で同じ意見だった、趣味が同じだったなど、考え、指向、感性、気持ちが通じ合った人には、一気に親近感がわきます。さらに会議などで、自分の意見を強く支持してくれる人には、好意はいっそう高まります。

何でも同意すればよいというものではなく、共感を連発しているだけでは信用を損ないかねませんが、好意的関係の構築に役立つ方法として覚えておいていいでしょう。

「援助と好意の双方向因果性」は、心理学者・ジェッカーとランディの実験によるものです。一般的に、自分を助けてくれた相手に好意を抱きやすいことは理解されていますが、実は逆もまた真なりで、自分が助けてあげた相手に対しても、好意が生じやすいという現象があります。

これは少し意外に思われるかもしれませんが、「面倒をみてあげたら、後輩が可愛く思えるようになった」など、日常的に経験されている方もいると思います。

もうひとつは「自己開示の好意誘引性」です。自分に対して心をオープンに開いてくれる人には、好意が生じやすいという現象です。誰かが楽しい体験を聞かせてくれたり、悩み事を打ち明けてきたり、プライベートの話をしてくれると、親近感を持ってくれている、自分を信用してくれていると嬉しい気持ちになって、こちらも親しみや好意を抱きやすくなります。

近年は「職場ではプライベートの話はしない」という考えの人も多く、個人的なことを尋ねるのは控えたほうが無難ですが、自分のほうからオープンに話してみれば、関係性によい変化があるかもしれません。

リーダーは、このような知識も頭に入れておき、「人を嫌わない技術」をストレス最小化のテクニックとして実践することでチーム内の良好・有益な関係を育んでいくとよいでしょう。

それでは人間関係の築き方のまとめとして、ＥＱ視点から、どのような能力を用いればよいのか、それは関係構築にどのように関わっているのかを紹介します。

人間関係構築に役立つ４つのコンピテンシー

ＥＱの視点から、人間関係を作る上で重要なコンピテンシーは４つ挙げられます。

①共感力を活用できる
②内発的なモチベーションを高めることができる
③楽観思考を働かせる
④感情を目的達成に役立つ感情へとナビゲートする

人間関係の構築には、まず共感的なコミュニケーションが大切です。

対話するなかで相手が、失敗して「恥ずかしかった」、部署が異動になって「悲しい」など感情を表す言葉を発することがあります。このとき「恥ずかしい」「悲しい」という相手の「感情」を吐露する言葉に対しては、我関せずの淡白な態度でやり過ごし、「そのくらいの失敗は誰にでもあるでしょう」「新しい部署を経験しておくのもひとつのメリットではないかな」などと、返答することは普通にあることでしょう。

しかし、あなたがマネジャーであって、共感的なコミュニケーションを心がけようとするなら、いったん相手の気持ちを受け止めて、それをきちんと表現することも大切です。何も特別なことをするのではなく、「そうか、恥ずかしかったのか」「悲しかったんだね」と、その言葉を繰り返してあいづちを打つだけでも、相手との心の距離を近づけることができます。これは単なるテクニックではなく、人間と人間とのコミュニケーションの要諦です。

また「1on1ミーティング」など、個別の対話の際、部下の話の中で繰り返し出てくる言葉があれば、それに注目し、やはり繰り返してあいづちを打ったり、場合によっては掘り下げて話を聞くとよいでしょう。繰り返し口にされる言葉は、そのとき、その人にとって気がかりなテーマや強い思いが潜んでいるケースが多々あります。

ここに気づくかどうかが対話型のマネジメントの要諦であると言ってもよく、それをしっかり受け止めることが、安心や信頼、好意につながります。

内発的なモチベーションを発揮できる人は、仕事をきっちりこなし、成果を出します。職場の人間関係においては、仕事上の基本的な信頼感が重要であることは言うまでもありません。

与えられたミッションにしっかり取り組み、結果につなげている姿を知っていれば、周囲は自然と敬意を抱き、よい関係につながります。

内発的なモチベーションを発揮できる人は、関係構築のよい側面にしっかり気持ちを向け、「いい関係を作ろう」と意識するので、おざなりなコミュニケーションをとることはありません。

楽観思考を働かせることも大きく役立ちます。さまざまな物事を前向きにとらえる人は、一緒にいる人を同じように明るく前向きにしてくれます。また実際に、楽観的な考え方で人に対してアドバイスをするので、相手には気持ちが楽になった、やる気が出た、楽しかったなどポジティブな印象が残ります。

さらに楽観思考だと、人を嫌いになりにくいという特徴があります。たとえば、アポイントメントの時間に遅刻した相手に対してネガティブにとらえるのではなく、「何か事情があったのだろう」と大らかにとらえ、気にしないでいることができます。同僚としても友人としても、接しやすいタイプです。

もうひとつの人間関係構築に役立つコンピテンシーは「感情のナビゲート」です。

人と接していればさまざまな感情が生じますが、湧き起こった感情のまま本能的な行動に出てしまう人は、好意や信頼、敬意を受けづらいでしょう。

話をしていただけなのに、勘違いをして急に怒り出す人。秘密にしてほしいと前置きして相談したのに、約束を破って人に話してしまう人。急ぎの仕事を頼んでも、気分がのらないと取り掛かってくれない人――。感情のナビゲートができないこのような人々は、よい人間関係を築くことは困難です。

次項では、会社内の良好な人間関係を、有益な人間関係に発展させていくための意識の持ち方、そして具体策の指針について解説していきましょう。

連帯感を生むオーナーシップとパートナーシップ

チームのメンバーがひとつの目標に向かって協働し成果を出すには、一人ひとりが「オーナーシップ」を確立しつつ、お互いが「パートナーシップ」で結ばれることを目指します。

◇**オーナーシップ↓**個人が、所属するチームや会社の目標・課題を、自分の問題としてとらえる意識（＝当事者意識、自主性）

◇**パートナーシップ↓**連携、協力することで生み出される相乗効果を通じて、「単独では実現困難な目標」を達成する関係

オーナーシップは、チームを強くします。会社の目標も目の前の業務もやらされている仕事

としか考えていない社員とくらべると、本気度がまったく異なります。また、自然と「全体最適」の視点で考え、行動するようになっていきます。

さらに、そのプロセスでほぼ自動的に、パートナーシップが発揮されていきます。社員が自発的に他者の仕事の状況に目を配り、問題があれば声を上げて解決策を一緒に考え、助けが必要な人を見つければサポートし、より効率的・より効果的なやり方を提案して仕事を進めていくようになります。

基本的に良好な人間関係が醸成されている職場では、オーナーシップを確立するため必要なことはただひとつ、「理念・ビジョンの浸透」です。先にお伝えしたような、理念とビジョンに深い共感を持った社員の意識は、オーナーシップそのものです。

リーダーは、こうして成長していく個々の社員を、次のような観点に着目してひとつに束ね、有益なチームへと育成していきます。

◇多様性を認める風土づくり
◇透明性のある風土づくり
◇連帯感・結束感を感じる風土づくり

多様性を認め合い、自分と異なる他者を尊重する意識を持たせるには、さまざまな「個性のタイプ」を体系的に学んで理解することが有効です。

これについては、パート3「組織の感情をデザインする」でくわしく説明する「8つのブレインスタイル」でさらに深く学びます。プロジェクトや業務の種類に応じて、社員一人ひとりの個性を活かし、適材適所の人事を進めるヒントにもなるものです。

透明性のある風土づくりについては、会社のしくみとして、あるいはリーダーの仕事として、可能な限り多くの情報を社員と共有するよう心がけます。仕事をする社員に、その仕事の重要性、意味、価値を多角的に理解してもらうこと、そして会社のビジョンや現状についてよりリアルに、より詳細に理解してもらうことは、オーナーシップの確立、モチベーションアップのため、非常に効果的です。

一般的には、余計なことを伝えて何か問題が起きたら困るという漠然とした考えから、部下に開示する情報は大きく制限されがちです。これを「漠然とした考え」のままでなく、「明確な判断」にすることで、問題を起こさず情報共有することができます。伝えるべきことは何で、秘匿しておくべきことは何なのか、その判断を丁寧におこない実現していきます。

連帯感・結束感を高める具体策については、注意が必要です。「会社がまた『チームの結束を高める』と称して意味のないことを始めた」といった話は、社員の本音が漏れやすいSNS

でしばしば話題に上るテーマです。

たとえば、より親密になる機会を作ろうと社外活動をおこなうことがありますが、「全員参加の社員旅行が苦痛」「せっかくの休日にレクリエーションに駆り出されてつらい」「自分はお酒を飲まないのに上司の掛け声で飲み会につきあわされた。この苦行に残業代を出してほしい」など、辛辣な意見が出ることは珍しくありません。

こういったイベントも、場合によっては喜ばれ、結束力を高めることに貢献するのですが、良好な関係性が十分に醸成されていない職場では、逆効果になるケースがあります。とくにプライベートな時間を提供させ、参加費用を徴収する形で、強制的・半強制的におこなう場合は要注意です。

そもそも組織の一体感や仲間意識は、特別なイベントで作るものではありません。理念やビジョンを浸透させるプロジェクトを丁寧におこない、信頼できるチームを日々、着実に構築していくことで生まれます。

パート 3

組織の感情をデザインする

組織のＥＱ力を上げる仕組み、仕掛け

3-1 【組織構築】個性・相性を重視した組織づくり

組織力を「個人の能力」の総和以上に引き上げる

組織力は経営者から一人ひとりの社員にいたるまで、メンバー全員の「個の力」が源泉になっています。そのため個々人が最大の能力を発揮できるようになることが組織力アップの基本になりますが、それだけでは「組織力＝個人の能力の総和」、あるいはそれ以下の力しか実現できません。

たとえば粒ぞろいの有能な社員を集めても、適材適所になっていない場合や組み合わせの相性が悪い場合、その能力をあますところなく発揮することはできません。これはプロ野球やサッカーなどスポーツチームの例を見るまでもなく、リーダーの方は職場で実感されていることだと思います。

実際に多くの会社では、能力が高い人に難易度の低い仕事を任せていたり、逆に能力が十分でない人に「経験だ」「勉強だ」と難易度の高い仕事を与えてやる気も誇りも打ち砕いてしまったり、という例は頻繁に起こっています。

また社員の強みや弱みを把握せずに配置や業務の振り分けをした場合にも、同じことが起こります。社員は「自分は理解されていない」「仕事が面白くない」「つらい」という思いを募らせていきます。

さらに人と人との相性も大きな問題です。それにも関わらず、相性の問題が起きても、大多数のリーダーはコミュニケーションのアドバイスをするだけで、根本的な原因である相性の問題には対処をしません。これでは実力を発揮するどころではありません。

では一人ひとりの社員に最大限の能力を発揮させつつ、チームとして個人の能力の総和以上の力を発揮させるには、どうすればよいのか――？

ここでは組織運営の要所に、ＥＱを取り入れる方法を説明します。ＥＱを活用することで、場当たり的な組織運営から卒業するヒントをつかむことができるでしょう。

確実な効果を出すには、経営者はもちろん、社員一人ひとりがＥＱのスキルを身につけ、会社ぐるみで実践するのが一番ですが、まだＥＱを導入していない企業でも社内で簡単に実行できるノウハウを解説していきましょう。

「メンバーの相性など関係ない」は本当か？

どうしても相性が悪い部下がいる――。そんなふうに頭を抱えるリーダーの姿をときおり目にすることがあります。またプロジェクトチームの中で、相性の悪さから問題が生じることもめずらしくありません。

一般的には、「仕事の場で相性がよい、悪いなどと言っていられない」「どんな相手ともうまくコミュニケーションをとって仕事を進めるべきだ」という考えが常識とされています。実際に、組織設計をする際、相性や組み合わせについては、あまり重視しない企業のほうが多い現状があります。

しかし、人材を最大限に活かすためには、「相性」「組み合わせ」はしっかり考慮するべき重要課題です。むしろ個人の能力を活かすもつぶすも、人的環境次第です。

また相性は、基本的に「お互いの個性の組み合わせ」の良し悪しのことをいいますが、職場では能力の逆転問題がもとになって「相性が悪い」と誤解されているケースがあります。

たとえばＩＴの現場では、部下の技術力のほうが高いケースがよくあります。そのような場合、部下が「このリーダーは自分の仕事を正しく評価できるのだろうか？」「指示が不適切なのでは？」と不安に思い、その不信感が下地となって関係性が悪化し「相性が悪い」となってしまうケースがしばしばみられます。

上位職にある者が、かならずしもすべてのパラメーターで部下より能力が勝っているわけではありません。そして、それ自体は何ら問題ではありません。このことは、できれば上司にも部下にも周知しておきたいところです。

実際にこのような構図でも仕事が機能し、人間関係もうまく運ぶ場合があります。基本的に「上司はすべてのスキルにおいて、部下より上でなくてはいけない」という誤った思い込みさえなければ、信頼関係を育むことができます。

リーダーが留意するべきは、本当の相性の良し悪しです。

相性にさえ問題がなければ、メンバーは自然と協力的に仕事に向かうことができるケースが多いでしょう。しかし、相性が悪いと、そのような積極的な姿勢が期待できません。またお互いを理解できず、思い込みによって相手の言動を悪く解釈してしまい、トラブルに発展する可能性もあります。そしてそのような現象は、頻繁に起きています。具体的なパターンをお話ししましょう。

上司と部下は相性、チームは個性の組み合わせが大事

相性の問題は、ＥＱの視点からみると明解です。これからくわしく説明する「8つのブレインスタイル」にしたがってリーダーと部下の個性を分析すると、なぜ相性が悪いのか、そしてどのように接したら関係性が改善するのか、そのヒントをつかむことができます。

3-2 脳の嗜好性がわかる8つのブレインスタイル

オフィスは8か国の人の集合体

ＥＱではー人ひとり異なる「脳の嗜好性」を、サーベイによって明らかにします。ここではシックスセカンズジャパンが提供する「ＢＢＰ（Brain Brief Profile）」という可視化システムを用いてみていきましょう。これは78問の選択式テストで、現在の考え方、感じ方、行動の傾向について回答を求め、その結果を分析して、脳の嗜好性が８つのブレインスタイルのどれにあたるかを調べるものです。

それぞれのスタイル（類型）は多くの人がいずれかに当てはまりますが、絶対的なものではありません。組織のメンバーの多様性を理解するヒントとして、参照してください。

分析では、「フォーカス」「デシジョン」「ドライブ」という3つのスケール（ものさし・図5）を使用して、ブレインスタイルを導き出します。

■**フォーカス**　情報収集：感情的データと合理性が高いデータ、どちらを好むか

図5　脳の嗜好性を測る3つのスケール（ものさし）

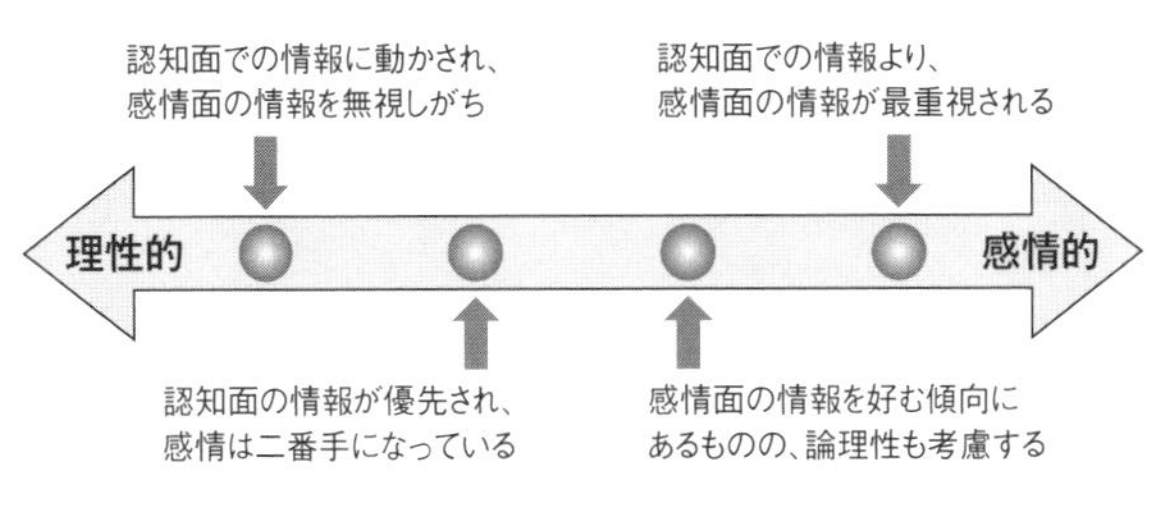

デシジョン：選択（保守か革新か）

リスク回避に努める

目新しさや変化を好む

保守的

革新的

安定を好むが、機会に関してはオープン

リスクをとるものの、やみくもにではなく一通り考え抜く

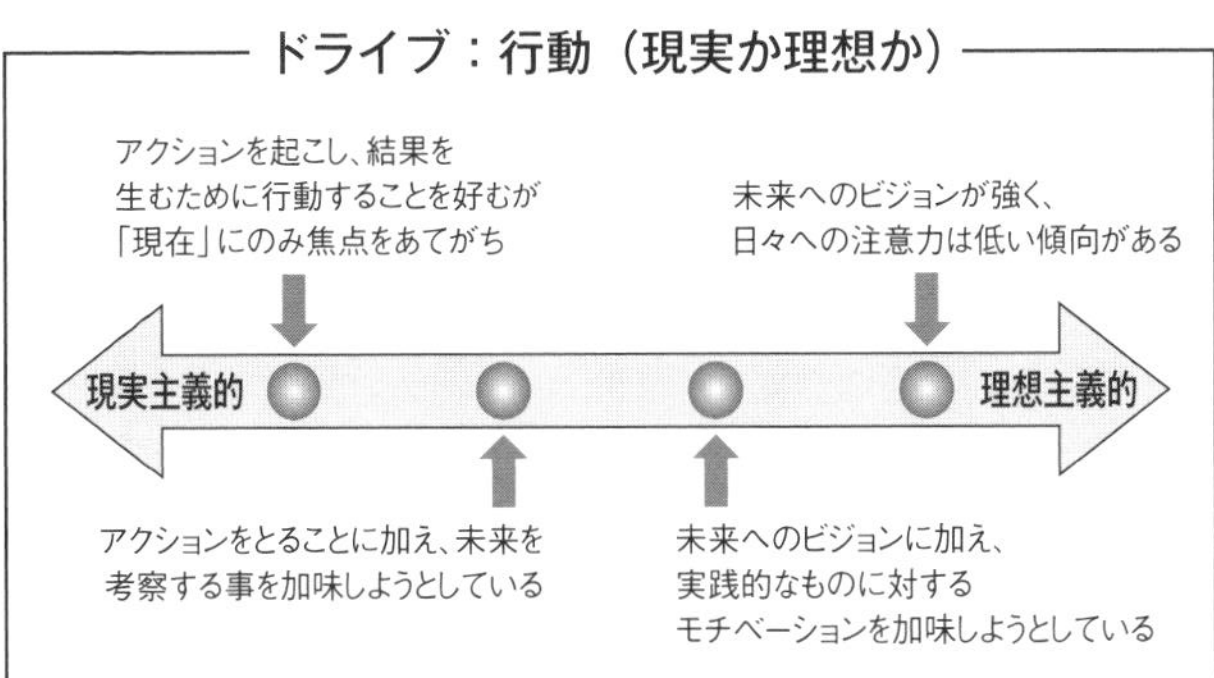

提供：Six Seconds® Japan

図6　8つのブレインスタイル

	タイプ	特徴
1	科学する人 （サイエンティスト）	【理性的・保守的・現実主義的】 正確、慎重、緻密 専門職に多い
2	夢を抱く人 （ビジョナリー）	【感情的・革新的・理想主義的】 情熱的、変革的、長期的 社長に多い
3	発明を好む人 （インベンター）	【理性的・革新的・理想主義的】 分析的、オープン、 クリエイティブ 新規事業責任者に多い
4	守る人 （ガーディアン）	【感情的・保守的・現実主義的】 思いやりのある、慎重実用的 従業員やNo.2に多い
5	戦略を大事にする人 （ストラテジスト）	【理性的・保守的・理想主義的】 緻密、慎重、未来志向 中間管理職に多い
6	他人のために行動したい人 （スーパーヒーロー）	【感情的・革新的・現実主義的】 献身的、現実志向、 クリエイティブ 上級管理職に多い
7	結果を届ける人 （デリバラー）	【理性的・革新的・現実主義的】 タスク志向、現実的結果重視 取締役、事業責任者に多い
8	思慮深い人 （セージ）	【感情的・保守的・理想主義的】 擁護的、思いやりのあるビジョン チームリーダーに多い

提供：Six Seconds®Japan

■デシジョン　選択：意思決定をする際に、保守性と革新性、どちらかを重視するか

■ドライブ　行動：現実的な視点に行動を促されるか、理想的な視点に促されるか

この3つのスケールでどのような結果になったかを総合すると、8つのブレインスタイル（**図6**）に分類されます。

8つのブレインスタイルは、その特徴的な傾向から①サイエンティスト、②ビジョナリー、③インベンター、④ガーディアン、⑤ストラテジスト、⑥スーパーヒーロー、⑦デリバラー、⑧セージに分類されます。

私の経験から、これらをより直感的にイメージしやすい表現に変えてみると、①サイエンティスト＝科学する人、②ビジョナリー＝夢を描く人、③インベンター＝発明を好む人、④ガーディアン＝守る人、⑤ストラテジスト＝戦略を大事にする人、⑥スーパーヒーロー＝他人のために行動したい人、⑦デリバラー＝結果を届ける人、⑧セージ＝思慮深い人、となります。

職場は、このように多種多様な価値観を持つ人々の集合体です。普段はあまり意識されないのですが、実際には8か国の人々が混在しているような環境なのです。

皆さんも図5〜6を見て、自分がどのブレインスタイルであるか推察し、ここからの解説を読み進めてください。

経営者に多くみられるブレインスタイル

8つのブレインスタイルに優劣はなく、あくまでも脳の嗜好性の特徴を分類したものです。また、それぞれの特徴は生まれつきの性質ではなく、現時点におけるその人のスナップ・ショットとでも言うべきものです。実際には、その人の成長過程でしばしば変化します。

ここでは8つのブレインスタイルのうち、経営者によくみられる3つのスタイルを紹介しておきましょう。

ひとつはビジョナリー＝夢を描く人。8つの中では、もっとも経営者に多いスタイルで、3つのスケールによる評価でみると、「感情的・革新的・理想主義的」なタイプです。

もうひとつは、スーパーヒーロー＝他人のために行動したい人。これは「夢を描く人」と似ているのですが、現実主義的であって「感情的・革新的・現実主義的」です。

最後は、デリバラー＝結果を届ける人。前者2つとはフォーカス（理性的／感情的）のスケールが異なり、「理性的・革新的・現実主義的」です。

ちなみに3者ともデシジョン（保守的／革新的）のスケールでみると「革新的」なタイプですが、やはり経営者には革新性が強く求められるので、結果としてこれら3つのブレインスタイルの人が多くなるのだと考えられます。

これら3つのブレインスタイルについて、もう少しくわしくみていきましょう。

■夢を描く人（ビジョナリー）（感情的・革新的・理想主義的）

【脳の嗜好】人間関係、プロセス、人間性、壮大なアイデア、革新、叡智を重視する

【特徴】エネルギッシュで変化に富む人。壮大な理想のもと壮大な目標を掲げ、仲間とともに一歩を踏み出すことができる人です。社会の問題や人々の困難、あるいはクライアントが抱える問題について感情的に受け止め、「救いたい」「助けたい」という思いから行動します。

また、何より人間関係を大切にすることも特徴的です。

ただし感情的な面に意識の焦点を当てすぎて、理性的・現実的な面がおろそかになる傾向もみられ、ことによると「非実践的な人」となってしまう恐れがあります。決して現実性、論理性にもとづいた計画・行動ができないわけではなく、「重視する姿勢」が欠けているだけなので、この点に関して努力するとともに、適切な資質、能力をもった理解者からサポートを得る環境を整えるとよいでしょう。

■他人のために行動したい人（スーパーヒーロー）（感情的・革新的・現実主義的）

【脳の嗜好】独創性、楽しさ、関係性を求め、革新的で実践的、結果を重視する

【特徴】このタイプはクリエイティブでダイナミック、エネルギーにあふれ、開放的で快活です。何に直面しても「OK」「大丈夫」「やってみよう」「いいじゃないか」と前向きにとらえ、アクティブな行動力を発揮します。さらに人と楽しむこと、チームを形成することを好み、仲間の面倒をよくみます。ときには自分の犠牲を払ってでも、他者を助けようとする人です。

その一方、楽観的で革新的なため、興味の向くままチャレンジを試みますが、リスクを軽く見積もってしまい、拙速な行動に傾きがちです。自分の判断にほんの少し慎重さを加えるとともに、プランの全体像や長期的な影響をみる「俯瞰的な視点」を加えること、そしてチ

ームの中で陣頭指揮をとりつつも、すべてを自分で担うのではなく、他者に役割を与えるよう意識することが成功の秘訣です。

■結果を届ける人（理性的・革新的・現実主義的）

【脳の嗜好】効率、革新、結果、アクション、適時性、明確さを重視する

【特徴】現実主義的で行動重視の人。問題解決の能力に長けた「猛烈な人」です。プロセスの是非はともかく「とにかく結果を出す」ことができるので、その点で厚い信頼を得ています。効率的で適時性があり、仕事をハイペースで（ときには性急に）おこないます。ただし人々の感情面を軽視する傾向が強いため、「結果を出すためならルールを破る」「他人も平気で踏みにじる」という行動に走らないよう、十分に注意が必要です。

　また慎重な人、スローペースな人と一緒に仕事をすることに我慢ができず、彼らのやり方を否定したり仕事からはずすなどして、せっかちに切り捨ててしまう傾向もあります。彼らを自分の足を引っ張る存在と考えるのではなく、チーム全員がそれぞれ最大の力を発揮できるよう導くことも、リーダーに求められている重要な役割のひとつだと心得ておくことが大切です。

ここで紹介したのは、経営者（創業者）に多いブレインスタイルですが、もしかしたらご自

身や知人のふるまいを思い浮かべ、当てはまると感じたかもしれません。

このほかの5種類を加え、8種類のブレインスタイルは、それぞれ価値観の違い、行動特性の違いが際立って表れています。ただし実際には、3つのスケールのそれぞれにおける「かたより」があまり大きくない人も多く、そのようなケースでは、ここに記した特性がマイルドな形で言動に表れている可能性があります。

自分の〝伸びしろ〟を発見できる

自分のブレインスタイルを知ると、たくさんの気づきがもたらされます。というのも個人にはさまざまな感情・思考・行動の癖がありますが、本人にとって当たり前の習慣になってしまい、自分では気づけなくなっている人も少なくないからです。

そして自分の癖を理解し、改善を意識して行動すると、多くの人に「コミュニケーションが改善された」「人間関係が良好になった」という変化が起こります。

たとえばブレインスタイルのリテラシーを身につけると、人はそれぞれ価値観が多かれ少なかれ異なることに気づき、それを自然と重視するようになります。そのため「なぜ期待どおりにできないのか」と人に対して腹を立てたり、「まかせられない」と切り捨ててしまったりすることがなくなり、「自分とは違う人格なのだから仕方がない」「ではどうするか」と肯定的に考えて行動することができるようになります。

さらに価値観の違いを前提にするので、他者とのコミュニケーションを丁寧にとることができるようになります。意思疎通の行き違いも減り、また相手の個性を尊重した行動をとるようになるので、多くの場合、関係性が良好になり、好意的な協力関係が結ばれていきます。

同時に、自分の好ましくない言動が整えられていくと、その影響で周囲の反応が大きく変わってきます。私のコンサルティングの経験でも、多くの経営者、リーダーが、「自分が接し方を変えただけで、こんなに相手の態度や行動が変わるのか」「自分が変わっただけで、こんなに社内のムードが変わるのか」と驚かれます。

もうひとつの共通した変化は、意思決定がより的確になる点です。

一般的には意思決定をおこなう際、さまざまなデータや信頼できる人からの情報、意見、自身の経験などを参考にしますが、このとき自分の感情の状態をチェックする方は、ほとんどいないと思います。

しかし、意思決定は「数ある選択肢の中からひとつを選び、ほかを捨てる」という作業で、実は非常に感情が影響しやすいのです。ブレインスタイルのリテラシーを身につければ、このような場面で感情をチェックすることが習慣化します。

まずは「不安から慎重になりすぎる」「楽観的過ぎて慎重さが足りない」「人の意見に流されやすい」「新しい話題に飛びつきやすい」など、いつもの自分の癖に留意した上で、「意思決定をしようとしているいまの自分に不安や怖れはないか」「焦りはないか」「浮ついた気持ちはないか」「頭は明晰な状態か」「心は疲れていないか」など、好ましくない影響が意思決定におよばないか確認するようになり、その結果、以前より的確な意思決定をすることができるようになるのです。

経営者やリーダーの立場にある人は、普段から自分自身の成長のため、新たな知識や情報を吸収し、また積極的にセミナーなどに通ってスキルや人間性の向上に努めている方も多いと思います。しかし、これまでに自分自身を「脳の嗜好性」という観点から理解し、能力の開発をおこなった人は少ないのではないでしょうか。

ＥＱの実践は手つかずの領域を開発することになるといえます。新たな指標で自分を理解し、伸びしろを発見し、それを実際に伸ばしていくことができるのです。

ＥＱは最適な人材配置、採用に活かせる

もうひとつお伝えしておきたいのは、これを経営者やリーダーの方が個人レベルでおこなうだけでなく、経営層の皆さん、社員の皆さんがおこなったときに起きる、組織のダイナミックな変化です。

企業にＥＱを導入すると、人財活用の最適化がとてもスムーズに進みます。

たとえば経営者の方は、自分の右腕的存在を、どのように選んでいるでしょうか。

能力優秀な人、経験と実績が豊富な人、自分の理念やビジョンを共有してくれる人、相性が

よく人柄が好ましい人、自分の苦手分野をフォローできる人――。

求める条件はさまざまあると思いますが、実際には感情が大きく作用して、気が合う好ましい人を選ぶことが多いと思います。しかしそのように選んだ人は本当に、あなたを最大限に活躍させることができるでしょうか。

ＥＱを活用すると、自分の感情にまどわされることなく、最適な人物をブレインスタイルから導き出すことができます。

候補となる人のブレインスタイルがわかれば、感情・思考・行動の傾向がわかり、どのような仕事や役割に向いているかを検討するヒントが得られます。実権者の補佐役に向いているのは「守る人（ガーディアン）」、数値的目標を達成するのに向いているのは「結果を届ける人（デリバラー）」といったことです。

そして各ブレインスタイル同士の、相性の良し悪しも参考になるでしょう。

同じように、経営層のメンバー選定、社員たちの人材配置、それから採用についても、ブレインスタイルを参考にして決めると、さまざまなメリットが期待できます。

社員のブレインスタイルを参考にして適任者を各所に配置すると、業務の遂行も人材育成もスムーズになることが見込めます。

また相性を考慮した上で上司と部下のカップリングをし、チームのメンバー選定をおこなえば、人間関係のストレスは大きく軽減できる可能性が高まります。こちらも仕事のパフォーマンスアップにつながるでしょう。

そして組織にさらに大きな効果をもたらすものは、社員一人ひとりの成長です。これについては第3章で、ケースを含めご紹介しましょう。

EQには、ここまでに述べたブレインスタイルのほかにもうひとつ、重要な指標があります。それがパート1で説明した「8つのコンピテンシー」です。

先ほど、会社には価値観も行動パターンも何もかもが異なった「8か国の人がいる」と説明しましたが、それだけ異なった個性の人々が集まっているのですから、相性が悪い人がいるのも自然なことです。私自身がEQによるコンサルティングをしてきた経験から、しばしばみられる相性が悪い上司と部下の組み合わせを3パターン紹介します。

ここで紹介する事例は、もちろんそれぞれの傾向を説いたもので、決して厳密なものではありませんが、ひとつの見方として参考にしてみてください。

問題が起こりやすい上司と部下の組み合わせ

①上司〔思慮深い人〕＋部下〔守る人〕

「思慮深い人」スタイルの上司は、人間関係を大切に思い、また安定的、調和的なリーダーです。しかし、現実的な物事や細かいことについては、関心が薄い人が多いでしょう。彼が興味を持っているのは、物事の全体像やストーリー、そして「人生の意味」など哲学的な深みのある事柄です。そんな上司が部下に指示やアドバイスをするとき、話す内容は現実性や具体性が乏しく、漠然としたメッセージになってしまいがちです。

一方「守る人（ガーディアン）」スタイルの部下は、慎重で現実的です。また安全性を非常に重視し、リスクをとりたがらない傾向があります。

このふたりが組むと、部下は上司から具体的な指示や詳細な情報がもらえないため、つねに不満を抱え「この人はダメだ」と考えます。このように、意識がフォーカスしている階層や情報の粒度が異なると、相性としてはよくありません。

②上司〔他人のために行動したい人〕＋部下〔思慮深い人〕

「他人のために行動したい人（スーパーヒーロー）」スタイルの上司は、エネルギーにあふれとても実践的、さらに楽しいことが大好きで、他人とのコミュニケーションを好み、ときには犠牲を払ってでも他者の面倒をみようとするリーダーです。ただしこのスタイルの上司は外向的で、意識はつねに外部、他者に向けられ、自分の心の内側に意識を向けたり、物事の深遠な意味を考えることには関心が向かない傾向があります。

一方、「思慮深い人（セージ）」スタイルの部下が意識を向けているのは、心の内側や、物事の深い部分です。浮かれ騒ぐことには興味がなく、他者にもあまり関心が向きません。

このふたりは意識の方向が正反対であって、上司は外部・物事の浅い層・他者に、部下は内部・物事の深い層・自分に関心を向けています。そのためお互いに相手の価値観を理解するのが難しい面があります。部下は上司を「薄っぺらな人だ」と感じ、上司は部下を「重苦しい人だ」と感じているかもしれません。

③上司〔戦略を大事にする人〕＋部下〔夢を描く人〕

「戦略を大事にする人（ストラテジスト）」スタイルの上司は、綿密、緻密でプランニングに長け、論理性や合理性を強く求める、完璧主義的なリーダーです。

一方「夢を描く人（ビジョナリー）」スタイルの部下は、エネルギッシュな変革の推進者。大きなビジョンや長期的な視点で物事を見つめ、新しい未来像を描き、人々を鼓舞するリーダーに向いています。ただし理論的ではなく、感情面に焦点を当てています。

このふたりが組むと、部下は新しい着想を次々と提案しますが、上司はこの部下の論理性のない企画や、合理性のない仕事ぶりを評価しません。綿密、緻密で、しっかりした説明を部下に求めますが、部下は論理的な説明が不得手なため、追い詰められてしまいます。両者とも優れた資質を持っているものの、相性が悪いために活かせないカップリングです。

組織設計をするときには、こういった相性を考慮して配置する視点を持つとよいでしょう。

さらに、社員のブレインスタイルをみると、どのような特質を伸ばす必要があるかが明らかになるので、その特質を持っている上司の下に配置し、学んでもらうこともできます。そのように意図が明確な場合は、仮に相性が最良でなくとも、マネジメントとしてはよい選択となります。

そして経営陣については、社長のブレインスタイルを中心に考えます。

経営陣にふさわしいブレインスタイルは、厳密にいえば社長のスタイル、会社のタイプ、そして会社の成長段階やビジョンによって異なります。

たとえば、基本的には経営陣の組み合わせはバランス重視で考え、チームとして多様な強みを持ち、弱みを補い合えるようメンバーをそろえることが重要です。しかしスタートアップ企業の場合は、少々、緻密さや深みに欠けていても、クリエイティブな発想力を持って猛烈に仕事をこなす、果敢な行動力にあふれたブレインスタイルの人々で固めたほうがよいでしょう。

またもっとも重要なのは、社長の右腕となる人物です。右腕には一般的に、次のようなさまざまな面が求められます。

◇社長の理解者・支持者である
◇会社全体の管理者・統括者である
◇社長と現場の仲介役・調整役・推進役である

◇社長の代理人である
◇社長の補佐役である
◇未踏の分野への牽引役・開拓者である

これらのうち何を重視するべきかを、社長のブレインスタイルと会社の現状やビジョンを考慮しながら選び、右腕候補者のブレインスタイルを手がかりにして最適な人を選びます。

EQタイプ別「役職・業務の向き不向き」

私の過去の経験と照らし合わせると、ブレインスタイルを活かしやすい役職、立場というものがあるように思います。特定の役職や立場で伸び伸びと活躍されている方には、それぞれブレインスタイルに傾向がみられるのです。参考までに、いくつか例を挙げておきましょう。

◇社長に多い
【夢を描く人(ビジョナリー)】（感情的・革新的・理想主義的）

革新性があるため新たなことへの挑戦意欲が高く、感情豊かでエネルギッシュな点もトップに向いている。さらに理想主義的なので、壮大で人々にとって魅力的な目標を掲げる

◇副社長、副部長（実権者の右腕）に多い

【守る人(ガーディアン)】（感情的・保守的・現実主義的）

慎重で現実的な思考が強い点がサポート役に向いている。加えて感情面を豊かに活用するので人に対して包容力があり、擁護的な姿勢で支援をする

◇組織の幹部、マネジャーに多い

【思慮深い人(セージ)】（感情的・保守的・理想主義的）

物事の表層にある現象ではなく、深い層にある仕組み・意味・価値に意識をフォーカスするタイプ。これらを使って人々の心を救ったり、物事を解決したりする

◇中間管理職に多い

【戦略を大事にする人(ストラテジスト)】（理性的・保守的・理想主義的）

保守的でロジカルな思考が強い完璧主義者。マネジャーは人の心に寄り添い共感する能力が必要なので「感情的」、中間管理職には「理性的」であることが求められる

◇専門職に向いている

【科学する人(サイエンティスト)】（理性的・保守的・現実主義的）

物事を理解したいという欲求が強く、正確さや秩序など、確かなものを強く求めるタイプ。専門職につくともっとも個性を活用できる

◇取締役、事業責任者など数字を達成する仕事に向いている

【結果を届ける人（デリバラー）】（理性的・革新的・現実主義的）

現実主義的で行動を重視するタイプ。問題解決の能力に長けた猛烈な人。効率的で適時性があり、仕事をハイペースでおこなって、プロセスの是非はともかく結果を出す

◇ワンマンスタイルで運営していきたい社長が社員を採用するなら

【守る人（ガーディアン）】（感情的・保守的・現実主義的）

包容力を持ちサポート役に向いているタイプ。たとえ相手が間違っていても、正すことよりそのまま受け止めて肩を持ち、癒し、支えることを選ぶ人

◇巨大な組織に拡大していきたい社長が社員を採用するなら

【他人のために行動したい人（スーパーヒーロー）】（感情的・革新的・現実主義的）

クリエイティブでダイナミック、エネルギーにあふれた開放的な人。仲間を大事にし、何に直面しても「ＯＫ」「大丈夫」「やってみよう」とアクティブさを発揮する

◇新規事業を構築したい社長が社員を採用するなら

【発明を好む人（インベンダー）】（理性的・革新的・理想主義的）

物事の裏側や仕組み、法則など、深い部分から理解する洞察力に富んでいる。「これは面白そうだ」という思いを行動の原点にして、革新的な創造性を発揮する

◇組織を5年後に変化させてくれる新卒者を採用するなら

【夢を描く人(ビジョナリー)】（感情的・革新的・理想主義的）

【結果を届ける人(デリバラー)】（理性的・革新的・現実主義的）

【他人のために行動したい人(スーパーヒーロー)】（感情的・革新的・現実主義的）

社長にも向いているタイプの「夢を描く人」、革新的で猛烈に行動する「結果を届ける人」、チームを組むことを好みクリエイティブで開放的な「他人のために行動したい人」を揃えると、変革の実現可能性を高めることができる

◇引退する社長が価値観を継承してもらう後継者を選ぶなら

【夢を描く人(ビジョナリー)】（感情的・革新的・理想主義的）

高い理想を掲げ革新的に行動できる一方、「思い」を重視するので、会社の歴史や創業者ら関わった人々の思いを尊重して継承してもらうことができる

3-3 【マネジメント】組織のエンゲージメントを上げる

「右向け右」のマス・マネジメント

人材開発、組織開発のマネジメント手法としては「右向け右」の号令を出して社員を動かせるマス・マネジメント、個人との対話を通じて解決策を見出す1 on 1マネジメントがあります。これらを実施するには、それぞれに適切なスキルが必要です。現場ではあまり認識されていないものの、実は習熟度によってマネジメントの結果は大きく変わります。

マス・マネジメントの難しさについては、経営者やリーダーは日々さまざまな課題に直面しいることと思います。

伝達事項をもれなく理解しやすい表現で伝え、彼らの気持ちを鼓舞したはずなのに、こちらが予想もしていなかった誤解をする人、よく理解しようともしないで反発する人、当事者意識を持たず聞き流してしまう人、さまざまな反応が起こります。

このような現象は、マス・マネジメントの場合、どうしても一定の割合でみられます。情報の受け手である社員たちには、「自分だけに指示が出ているわけではない」という潜在的な思いがあるため、緊張感をもって聞かない、他人事のように受け止めてしまう、という姿勢につながりやすい傾向があります。

そのため、①社員の関心を集める、②当事者意識を感じさせる、ということが基本的なポイントになります。これらをかなえるには、次の点に留意します。

◇話の核心を明確にすること
◇現場目線の具体的な話や、現場ベースの話をすること
◇社員たちが得るベネフィットについて、明解に伝えること

また、マネジメントされる側は、どうしても他人事になりやすいので、話している最中に、部署名・個人名を入れて呼びかけるテクニックも有効です。

マス・マネジメントは、うまくやれば社員の一体感を短時間で高め、スピード感をもって目標へと推進する結束力と機動力を生み出すことが可能です。

理解・納得・共感を呼び起こせるか

マス・マネジメントの大きな課題は、社員の反発・抵抗への対処です。

経営指針を理解させ、具体的な指示を実行させるには、反発や抵抗への防止策を講じる必要

がありますが、これは決して強制力を強くする、反対意見を許さない、ということではありません。情報不足からくる不満や誤解など、意味のない反発・抵抗をなくし、共感をもって意欲的に実行してもらうことが狙いです。

防止策としては、指示内容だけでなく、目的、事情などの背景、得られる結果の価値を丁寧に伝えることが大切です。

たとえば、変更事項として、社員に「今後は社内コミュニケーションツールとして、メールではなくチャットを利用する」と一方的に通達した場合、一部の社員から「メールを使いたい。やめる意味がわからない」「このチャットツールではなく、他社のものがいいのに」といった疑問や不満が出てくるかもしれません。

しかし、会社側はチャットに転換する明確な理由をもち、またツールの選定についてもきちんと検討して決めているはずです。会社側、またマネジャーとしては、このような経緯をしっかり伝えることが、無意味な反発や抵抗を予防することになります。

基本的にマス・マネジメントでは、指示する事柄に対して、予想される社員たちの疑問や反発をあらかじめ予測しておきます。そして、それらに対する回答を用意し、指示の伝達時に先回りして解説するように留意すべきです。

マス・マネジメントの現場では、情報の受け手側が気軽に質問できない状況が多く、彼らの疑問は解消されないまま残りがちです。それではマス・マネジメントで重要な、理解・納得・

共感を得ることができません。情報の受け手に寄り添ったコミュニケーションが重要です。

このように上からの指示を下に伝えるときは、次の5つのステップを踏めば、コミュニケーションが一気にスムーズになります。

①　**「社長（上司）はこう言っている」**

↓社長の言葉をそのまま伝えることで、考え・気持ち・熱意などをストレートに理解させる

②　**「その目的・効果はこういうこと」**

↓その仕事の意義を、会社のメリット・顧客のメリット・自分たちのメリットの視点で伝える

③　**「自分はいいと思う」**

↓自分が賛同していること、積極的な気持ちになっていることを表現する

④　**「みんなはどう思う?」**

↓部下たちの疑問や反対意見、消極的な姿勢を引き出し、それに対処する

⑤　**「では、やろう!」**

↓部下たちの「納得感」をさらに高めて「意欲」につなげる

現場の社員たちが、指示を受けた業務を「やらされ仕事」と感じることなく、自分は納得しておこなっている、やることに意義があると思ってもらうための、必要なプロセスです。社長の右腕や中間管理職がこの手順を習慣にすると、指示の受け入れと実行がスムーズになります。

ただし前提として、部下に伝えるリーダー自身が、その指示に対して疑念・反対意見・消極的姿勢を解消し、納得していることが必要です。リーダーが内心では否定的な気持ちでいると、その本心は表情や、声、態度ににじみ出て、部下に伝わってしまうものです。偽りの言葉は説得力を持つことはなく、共感を呼ぶこともありません。部下はどこか空疎なものを感じ取り、リーダーの消極的な感情が伝播してしまいます。

マス・マネジメントを避けるべき課題

マス・マネジメントをとるべきか、それとも1on1マネジメントかは、ケースごとに判断することが重要です。たとえば、もし無配慮に「ウチの会社は、必要であれば土日も働いてもらう」「みんな、頼む」といった雑なマス・インフォメーションをしてしまうと、おそらく反発を受け大変なことになるでしょう。このような話は、慎重に伝えるか、該当する社員を呼んで個別に話をするべきです。

繊細な配慮が求められるテーマについてマス・マネジメントをおこなってしまうと、信頼を失ったり、結束力を破壊したり、後を引くダメージを被る可能性があります。

とくに次のような課題では、マス・マネジメントは避けるべきです。

◇社員たちへのデメリットやリスクが大きい話
◇一人ひとりの受け止め方が大きく異なると予測される話
◇社員の個人的な話題を含む話

これらについては、次項で説明する1on1マネジメントで対処します。

ちなみに「1対多」のインフォメーションやコミュニケーションのスキルアップを図るには、テレビのニュース番組などが参考になります。たとえば国の方針、施策について総理大臣や閣僚が語っている模様や、誰もが知る著名な経営者の公的な発言を目にすることがありますが、その後、私たちはそれらに対する身近な人々の意見やネットの声、メディアの論評などのリアクションを知ることができます。

何が人々の心をとらえるのか、また、どのような表現が誤解を生みやすいのか。何が大きな反発を招くのか——。それらを実例として学ぶ上で参考にしてもよいでしょう。

個を活かす1on1マネジメント

個人の価値観や働き方の多様化にともない、現在では個を生かすマネジメントが求められています。そのため多くの企業が1on1マネジメントを導入し始めています。

1on1マネジメントは、定期的に実施する短時間の面談が主体で、この面談は「1on1ミーティング」とも呼ばれています。目的は、おもに3つ挙げられます。

◇心の距離を縮め、お互いがオープンな関係を構築する
◇部下が感じている問題をすくいあげ、解決策をふたりで見出す
◇会社側が感じている問題点を伝え、解決策をふたりで見出す

1on1ミーティングでは、これら3つの要素を取り入れることを考えます。

最初に挙げた関係構築については、他愛もない雑談が役立ちます。日々のトピックや、ごく個人的な話、プライベートな話を上司が自分からしてもよいでしょう。コミュニケーションにおいては、こちらが情報を積極的に開示すると、相手は安心して心を開きやすくなります。ミーティングが30分の予定なら、冒頭の10分ほどをこれに当ててもよいでしょう。

ふたつ目の現状の仕事で困っていることなど、部下が抱えている問題点を聞き出す作業では、

基本的には自由でオープンな対話のスタイルをとります。問題を整理し、解決策をふたりで考えていくプロセスでは、社員の個性に合わせたスタイル、話し方をします。これが実現できないと、1on1ミーティングの意味がありません。たとえば「何か困っていることは？」「問題に感じていることは？」とストレートに尋ねても、人によっては問題を隠すことがあります。実際に、性格的に内向的な人、慎重な人、あるいは弱みを見せたくない人は、問題があっても内に秘めてしまいがちです。

1on1ミーティングの目的のひとつは、部下が抱える問題をできるだけ早期に発見して対応することです。「本人が話そうと思うほどの大きな問題はないのだろう」と、軽く流してはいけません。そのためミーティングを実施するリーダーは、部下たちの個性を把握し、また性格による思考や行動パターンについて、ある程度つかんでおく必要があります。

ミーティング時に、部下が自分に対して心を開いているかいないかは、マネジャー経験のある人であればある程度はわかるはずです。もし心を開いていないと感じられたら、これは最重要事項として改善に取り組むべきです。

1on1ミーティングの3つ目のテーマは、言うなれば「上司の期待値と部下の働きのギャップ」です。これを明らかにして、アクションプランを一緒に考えていきます。ただし、この作業を、すべてその場でやろうとするのはお勧めできません。

というのも、1on1の対話では部下の心を開かせるために雑談を交えるので、どうしても話は散漫になりがちです（前述のようにそれも必要なのですが）。集中して問題を洗い直し、詳細に対処・対策を検討する場には向かない環境なので、具体的な対策については場所を変えて検討すべきです。

1on1ミーティングは毎週、もしくは隔週でおこなうとよいでしょう。たとえば社員が会社に対して否定的な感情を生じさせてから、退職を決意するまで、多くの場合1か月ほどかかります。そのため週1回、もしくは隔週でミーティングを実施すると、事態を回復させる機会をとらえる可能性が高まります。

さらに、退職が決まっている社員にも1on1ミーティングを続けることをお勧めします。まだ在籍しているのに、「もういなくなる人だから」という扱いをしてしまったら、その社員にネガティブな感情をもたらし、会社に対する印象も悪化してしまいます。退職者からも「自分は辞めたけれど、いい会社だった！」と言ってもらえるよう、最後まで尊重し、心を配るようにしましょう。その姿勢をほかの多くの社員、部下はみています。

3-4 【採用】ＥＱ的採用の秘訣

社内の問題のほとんどは「人」の問題

採用活動にあたって「採用コンセプト」や「理想的な人財像」を明確にする。
またそれらを言語化し、評価基準として活用する。
その評価基準に、個性や感情に関わる項目を含める。
これらは非常に重要なポイントなのですが、実行するのは簡単ではありません。

現在は、企業の採用活動が非常に困難な時代を迎えています。

少子高齢化が進み、労働人口の減少が本格的に進行するなか、新型コロナウイルスのパンデミックによる影響も深刻です。ビジネスは自由な活動を奪われ、先行きが不透明なため、ビジネスパーソンも熱意や意義を見失い、目的も定かでないまま退職してしまうケースもみられます。

このような状況でも（こういう状況だからこそ）、自社にとって有用にして必要な人材を効率よく採用し、うまく定着させて、離職させないことが重要であることは、いまさら言うまでもありません。

社外ＣＴＯとしてクライアント企業の経営者と接していると、大小の問題を引き起こす〝困った社員〟について、悩みをこぼされることがしばしばあります。

◇有能なのだが、他者に厳しくて、若手をつぶしてしまう
◇面接では覇気のある人間に見えたけど、入社したら度を越したマイペース……
◇悲観的なのか消極的なのか、会議では企画を片っ端から否定して、ほかの社員の士気を下げてしまう
◇新しいツールを学ぼうとしないで、馴染んだやり方に固執してしまう
◇平気で「自分にはできません」「無理です」と言って業務を断る
◇立派な企画だけは立てるが、実行力がなくて一向に形にならない

どんな会社にも〝困った社員〟はいるようですが、そのマネジメントにたっぷり時間とコストをかけている余裕はありません。いずれにしても、社内で発生するさまざまな問題は、原因を突き詰めれば、その多くがやはり「人」の問題です。当然ながら、「面接では覇気があるように見えた、だけど……」という場合は、面接官のスキルが足りなかったとも言えます。採用能力が習熟しておらず、会社では求めていない人材を採用してしまうという、ミスマッチのケ

ースもあるでしょう。

それはともかく――。

現在、在籍する社員を大切に育てることは前提として、本項では採用時に応募者の実像を見抜くＥＱ的採用のポイントをみていきましょう。

まず、困った社員を抱え、マネジメントコストを膨張させている企業には、採用の方法に関して共通項がみられる、という点からです。

能力ベースの人材観だけで採用してはいけない

採用に失敗しがちな企業に共通するのは、能力ベースの評価基準でしかみていない点です。

業務をスムーズに遂行できるかどうかは、採用に当たっての評価ポイントとして欠かせません。ただし、経歴、実績、保有するスキルを確認することは前提ですが、能力ベースの評価基準しか持たないと、問題を起こす社員を見極めることができず、またほかの優秀な人材を取りこぼしてしまうことにつながります。

見過ごされてしまいがちですが、人材の価値は、その人が持つスキルだけではありません。ここがＥＱ的採用のキモです。

◇困っている同僚にいち早く気づき、共感をもって積極的に助けようとする社員
◇好奇心旺盛で、新しい情報や知識を手に入れ、会社を未来に進めようとする社員
◇困難に陥ってもへこたれず「何とかなる」と前向きに考え、行動できる社員
◇根気強く地道な作業を重ねて、壮大な企画を見事に実現する社員。

こういった人材が社内に存在することが大きな価値をもつことは、苦労してきた経営者や経験豊かなリーダーであれば、熟知しているはずです。

このような、心の内側にある資質を採用基準に取り入れないと、後に問題となる人物を振い落とすことはできません。そして入社後に伸びやかに成長し、会社にとって有益な成果を出し、ほかの社員にもよい影響を与えるような人材を採ることも難しくなります。

社員が「一緒に働きたい」と思う人を採用する

理想的な人材、採用すべき人材とは、どのような資質の人なのか——。

自社にとっての理想の人材像を明確にするには、おもにふたつのアプローチがあります。

ひとつは、現在、会社で活躍している人の特性を分析する方法、つまり自社版のコンピテンシー（ハイパフォーマーの特性・特質）を明確にして、それを採用の評価基準に加える方法です。

このときサンプルとして取り上げるハイパフォーマーは、能力ベースだけで選ぶのでなく、さまざまな視点から自社にとって有益な価値を発揮している人を選択します。その人々のよい行動や性質を詳細に分析すると、おそらく共通点が浮かび上がってきます。

たとえば「意見やアイデアを否定するだけでなく、解決策を提示できる」「結果が期待したとおりにならなかったときでも、その経験から学んで気持ちを入れ替え、前に進んでいける」などの特徴が挙がってくるでしょう。これらを評価基準に反映します。

もうひとつの方法は、「一緒に働きたい人」をテーマとして社員への聞き取り・アンケート・ワークショップなどをおこない、その特性、特質を収集・分析するものです。

お勧めの方法は、複数の社員を集めておこなうワークショップです。まずはブレインストーミングのスタイルで「一緒に働きたい人の特徴」「自社の社風にフィットするのはどのような人か」についてオープンに意見を出し合ってもらい、多角的に検討します。その後、意見を整理し、優先順位をつけてリスト化し、評価基準に取り入れます。

コンサルティングでの経験上、もっともよい結果につながる「究極的な評価基準」だと思うのは、社員たちが挙げた「一緒に働きたい人」の特質です。

「一緒に働きたい」という思いの中には、好意、憧れ、敬意など、さまざまな気持ちや考えが含まれています。その具体例は、人間性や仕事の能力、自社の社風とのフィット性など、非常に幅広い領域にわたります。これを重視することが、うまくいく採用の秘訣です。

「8つのコンピテンシー」が示す材用すべき人材

さらに、具体的なEQ視点の採用要件を解説していきましょう。

それはすでに説明した「8つのコンピテンシー」を活用することです。これを指標に取り入れると、採用評価の質を向上することができます。

以下に、8つのコンピテンシーそれぞれについて、採用面接時のチェックポイントを挙げておきましょう。面接の際の、質問事項としても検討できるものです。

①感情のリテラシーを身につけているか

対話の中で、語彙が豊富か、そうでないかを評価します。豊富であれば、それだけ繊細に物事をとらえていると推測されます。また経験談を話してもらい、そのときの気持ちを詳細に尋ねてみるとよいでしょう。

②自己パターンを認識できているか

自分が失敗するときのパターン、うまくいくときのパターンについて、たとえば「会社の同僚と関係が悪化するときのパターン」「よい関係が作れるときのパターン」を尋ね、思考・行動のパターンを認識できているか確認します。

③結果を見すえた思考ができる

「入社後、新たな環境に馴染んで実力を発揮するために、どのような行動プロセスを考えていますか？」と質問します。「まず社内の方々と積極的に話をして、社員の皆さんや会社のことを理解します」「会社の事業内容をよく理解するため、取り扱っているプロジェクトを調べて把握します」など、具体的な回答が得られればよいでしょう。

④感情のナビゲートができる

「週末には仕事モードをオフにして、リラックスできていますか？」「ミスをして、上司の信頼を失い関係が悪化した場合、どのように信頼を回復しますか？　いくつか案を出してください」と質問をします。その時々の気持ちに流されず、自分でマネジメントしようとする姿勢が見え、その具体的な努力ができていればよいでしょう。

⑤内発的なモチベーションを形成できる

「気が向かないタスクの場合、どのようにやる気を出しますか？」と尋ねます。「とりあえず、そのタスクの楽しい面を考えます」「やりたくない気持ちを無視して、とにかく取り掛かります」など、外部要因に頼らない回答であればＯＫ。

⑥楽観性を発揮できる

「仕事で失敗したとき、あなたはどのように考え、どう行動しますか？」と質問します。深刻にとらえすぎ、後に引くタイプではないかどうかを判断します。また「新しい企画を聞かされたとき、成功するビジョンと失敗のリスク、どちらに意識を向けますか？」と尋ね、楽観性と悲観性のバランスを確認します。

⑦共感力を活用している

「職場で人知れず苦労している人がいて、あなた以外は誰もそのことを知らない場合、あなたはどうしますか？」と質問します。苦労している人への対処、状況への対処をしようと考える人であるかどうかを探ります。

⑧ノーブルゴールを追求している

「将来、自分がどうなりたいか、理想像はありますか？」「理想の社会、理想の会社はどのようなものですか」と質問をします。その人なりのノーブルゴールが設定されていて、それが自社の理念やビジョンと大きくずれていないか確認します。

EQ採用プロセスの基本ステップ

ＥＱを取り入れた採用活動の基本的な流れをまとめておきます。

①自社の社風や理念、ビジョンなどの再確認
②理想的な人材像・採用コンセプトの明確化・言語化
③採用ウェブサイト、採用ページの制作

④ＥＱ的視点を含めた評価基準を作成
⑤採用面接
⑥要職候補や採用した場合にリスクが高いと思われる応募者にＥＱテストを実施
⑦採用の可否を決定する

多くの企業では、採用活動において自社の公式サイトと連携した採用サイト・ページを立ち上げるために、採用コンセプトや求める人材像を、サイトの制作スタッフとともに言語化する作業をおこないます。ただし、自社が求める人材に応募してもらうには、それ以前のステップを丁寧におこなうことが非常に重要です。

つまり、自社はどのような理念をもち、何をビジョンとして、実際にどのような社風であるのか。そして採用する社員には、具体的にどのような能力や資質をもった人物を求めるのか。それを言語化し、求職者にわかりやすく魅力的に伝える必要があります。

これらを明確にしたら、既述のとおり社内でワークショップを開き、経営者や社員の思いを反映した「わが社が求める人材像」と「採用コンセプト」を設定します。そして理念やミッションとともに、自社の採用サイトやネット上の求人情報サービス、スカウト型サービスなどに掲載します。

また自社の採用サイト・ページには、社内風景や働いている社員の画像、インタビュー動画などを豊富に掲載することをお勧めします。求職者は、自分が入社した後にどのようなオフィスで、どのような同僚と働くことになるのか、リアルなイメージを持てる会社を選ぶ傾向があるためです。

その後のステップでは、ＥＱを取り入れた評価基準を作成し、応募者の選考に入ります。面接時の、ＥＱ的コンピテンシーに関する評価方法は前項で紹介しましたが、ほかにも重要なポイントがありますので説明しておきましょう。

面接で見抜く自社に合う人材

採用する人材については、頭脳の明断さを評価することが大切なことは言うまでもありません。ただし、頭脳明断といっても学歴ではなく、俗に言う「地頭（じあたま）」のよさをみることを優先したほうがよいでしょう。

これを判断する際には、面接で「3分間で、これまでの経歴・実績をお話しください」という課題を与えるのが有効です。この課題によって「短時間で要点をまとめ、わかりやすく伝える能力」「想定された条件が崩された状況での、柔軟な対応力」など、さまざまな力を知ることができます。

どの応募者も、面接で自分の経歴や実績をしっかりアピールできるよう、話をまとめ準備してきているはずです。ところが、そのプレゼンには十分な時間をかけて話せると思い込んでいるでしょう。その想定が崩れた状況で、どのようにアピールすることができるのか。用意していた〝シナリオ〟を簡潔に、かつ重点は漏らさず面接官に正しく理解させ、心に響くよう訴えかける能力が求められます。この課題にどのように応えるかをみることで、応募者の地頭のよさをある程度、推し量ることができます。

またこの課題では、自分の職歴、誇れる成果やプロジェクトについて語る人もいるでしょう。「何を重視して語ったか」は、「何を大切に思っているか」という価値観が明らかになりますので、人物を見るのに適しています。

この方法は、エントリーシートなど、選考書類の「プロフィール情報」などにも使えます。文字数を制限すれば、面接で質問をするのと同じような効果が期待できます。

業務シミュレーションで「働く姿勢」や「行動特性」をチェックする

採用面接は、1次面接で人物チェック、2次面接で技術・職能チェック、そして3次の最終面接では会食などの形をとり、これまでの選考過程で気になった点を再確認するとともに、応募者の入社の意思を確認するというケースが多いようです。

しかし、実はこれでは十分ではありません。入社後に仕事を与えてみると「自発性がない」「納期を明確にして厳守しようという意思がない」「的確なプランを立てられない」など、実務に対する姿勢や、行動特性に問題があることが明らかになることがあります。

もっとも、このあたりは人材採用の難しいところで、何もかもがうまくいくことなどないのですが、企業にとっては、これを入社後に知るのではなく、できるだけ採用試験段階で把握しておきたいところです。

そこで2次か最終面接で、具体的な業務の例を挙げて応募者にその内容を説明し、その上で質問を重ねます。

「この仕事を担当する場合、どのような準備をして臨みますか?」

「どのようなツールを使いますか?」

「どのようなステップで進めますか?」

「納期はどのくらいを設定していますか?」

この業務シミュレーションによって、応募者が仕事にどのように向き合うのか、スキルを活用できるのか、おおよその判断をつけることができるでしょう。

自社の事業に関心を持っているか

入社後、それほど長い期間在籍することなく退職してしまう社員が、ときおりみられます。これは、ある意味で仕方のないことかもしれませんが、会社と新入社員、双方にとって残念なことなので、できる限り防ぎたいのはやまやまです。

このような場合、意外と多い退職理由は「入社してみたものの、会社の業務に興味が持てない」というものです。たとえばゲーム制作会社に入社したのに「自分はどうしてもゲームに関する仕事の細部に興味が持てない」「関心が持てない仕事をするのがつらい」と訴え、辞めていくことがあります。

このような人は、入社前の時点では、自分が実際にどのような業務につくのかイメージできずに採用試験を受けています。また面接では何かしら無難な志望理由を語ったかもしれませんが、本音ではその企業のブランド力や業績に惹かれて応募したのかもしれません。

こうしたことが起こらないよう、面接時には自社の事業に本当に関心があるのかどうかを確認することが必要です。志望理由では、自社の事業について詳細な意見を求めるなど、話を深く掘り下げ、応募者の本音を引き出すよう心掛けるべきです。

「自分の理想に固執するか」「社風に合っているか」

自分の理想を持っていることは、社員が速やかな成長をはたすうえで重要なポイントです。しかし、場合によっては、これが理由で退職する新入社員もみられます。

自分の理想が明確で、「この理想についてはゆずれない」という断固とした思いがある場合、入社後に会社とのギャップが生じると、関係が破綻してしまいやすいのです。

たとえば、社員が「新しい開発手法を次々と身につけて成長したい」と強く望んでいるのに、会社は「現状の手法で、スピード感をもって進めてもらいたい」と要求するケースがあります。

このような場合、一般的には「それなら仕方ない」と社員が会社の方針に合わせますが、自分の理想にこだわる社員だと「自分を磨くことができない会社には身を置くべきではない」と判断し、辞めてしまうことがあるのです。

このようなことは、自分と会社の「理念」や「ビジョン」がズレている場合だけでなく、業務の進め方やスピード感、あるいは社風とギャップがある場合にも、深刻な問題となります。

経営者の中には、「社員の個性や能力に多様性を持たせたい」「バリエーション豊富な人材を育てたい」と考えて、あえて社風とは異質の人材を採用しようと考えるケースもあります。

社員数が１００名を超える会社なら、そのような方針もよいでしょう。しかし、スタートアップ企業や規模の小さな会社では、社員がどれだけ一丸となれるかが勝負なのでハイリスクとなります。もちろん、こうした採用は賭けのようなもので、大エースに化ける可能性もありますが、何事にもこだわりの強い人物には、周囲が気を遣ったり、深刻な軋轢を生んだりする可能性も高いのです。

採用時にこのようなタイプかどうかを見分けるには、「入社後に、どのように自分の立場・役職をステップアップさせていきたいか、計画や目標はありますか？」と質問を投げかけてみます。これに対して「１年後にはマネジャーになって、部下を数人抱えて、３年後には○○の役職に就いて……」などと答えるケースは、注意が必要です。

このようなときは「もし、それが会社の判断や事業方針などによって、想定したとおりに実現しなかった場合、どうしますか？」と質問を重ねる必要があります。自分の理想に固執しない人であれば、「実績に合わせて配置していただければ結構です」などと柔軟に返答するでしょう。他方で、自分の理想に固執するタイプである場合は、採用面接の場ですから「それなら退職します」とは言わないと思いますが、表情、言葉のトーンなどを観察すれば、おおよその推測はできるでしょう。

役職などの肩書（ポスト）に固執している人は、ときおりみられます。そのため採用面接では両者が忌憚なく要望や方針を伝え、詳細に話を詰めて同意を得ておかないと、後のトラブルにつながりかねません。

実際に、大手企業を辞めてスタートアップ企業の採用面接を受けた応募者のケースでは、深刻な問題に至ってしまったことがありました。社長によると、その面接時、応募者は「執行役員のポストで中途入社できる」と思い込んでいたのですが、社長は「執行役員に就けるかどうかは、入社後の実績によって判断しよう」と考えていました。

この理解の齟齬が入社後に明らかになったとき、やはり関係は破綻し、その社員は早々に退職してしまったのです。「大手企業を辞めて入社するのだから、肩書がつかないと体裁が悪い」という思いが強く、受け入れられなかったのでしょう。その一方で社長は「肩書は実績を積んだ後からついてくるもの」と考えていたため、このギャップを埋めることはできませんでした。

3-5 【人材育成】離職を防いで育てる

12か月で仕上げる新入社員の組織定着&成長プログラム

時間・費用・労力を注いで採用した新入社員が、ほんの数か月で退職してしまう――。しばしば起こるそんな状況に、頭を悩まされている経営者は少なくありません。そのおもな原因は、前項でも触れたように新入社員が入社前に思い描いていたイメージと、入社後の実像とのギャップです。

ギャップの種類は次のように多様です。

◇社内のルール、習慣、雰囲気に馴染めない（職場環境のギャップ）
◇上司との関係がうまくいかない、周囲から支援がなく孤独を感じている、本音を言える自分に近い同僚がいない（人間関係のギャップ）
◇業務の難易度が高すぎて自分の手に負えない、業務の難易度が低すぎて達成感が得られない、業務過多で受け入れられない（業務の質・量のギャップ）

早期退職を防止し、自社の重要な戦力として活躍してもらえるよう、ここでは「新入社員の組織定着と成長のプログラム」を簡単に紹介します。退職リスクが高い、入社後12か月の間におこなうとよいマネジメントのポイントです。

■入社時

「組織フィットプログラム」の実施を伝える

12か月のプログラムでは、新入社員の評判を先輩社員たちにヒアリングし、本人にフィードバックします。これを突然おこなうと、新入社員は不快に思ったり不信感を持ったりする恐れがあるため、入社直後に「あなたに早く職場に馴染んで快適に仕事をしてもらうために、『組織フィットプログラム』を用意しています」「あなたから会社に対する要望を聞くほか、社員たちからあなたへの期待や要望を聞き取って、フィット（定着）マネジメントの参考にしていきます」と、あらかじめ伝えておきます。

また「実際に入社して働き始めると、『入社前にイメージしていたことと違っている』と、ギャップを感じると思います」「これは新しい環境に移ったときには当たり前に起こることなので、一緒に対処をしていきましょう」と伝え、ギャップを自覚したとき過大にとらえないよう促しておくことも大切です。

■入社～2か月
親密なコミュニケーションと面談で繊細な時期をケアする

新入社員を組織に定着させるには、最初の1か月間、上長が深くコミットすることが大切です。新入社員からの相談事項や言動だけに注意をはらうのでなく、雰囲気、様子にも気を配り、業務に関する不安がないか、精神的な負担はないか、好意的な姿勢でコミュニケーションを図ります。

新入社員を預かる上長の中には、「お手並み拝見」のような姿勢で突き放した対応をとる人がいますが、これは厳禁です。また新入社員が置かれた立場によっては、周囲からの嫉妬や軋轢が起こるリスクがあるので、そのような場合は事前に、周囲の社員に十分な説明をして、納得させておくことが重要です。

入社直後、先輩社員は一般的に「様子見」の姿勢をとりますが、1～2か月経つ頃になると、新入社員に対する率直な評判がさまざま語られるようになります。そこで、これを収集・整理し、必要なことを本人にフィードバックする個別ミーティングをおこないます。

ただし、社内の評判を当人に伝えるのはセンシティブな問題なので、繊細な配慮が必要です。評判をそのまま新入社員に伝えるのではなく、周到に「事実」確認をし、アドバイスをする際にも、まず本人の認識を尋ねるようにします。

また個別ミーティングは組織に定着させるためのものなので、かならずその場で新入社員とともに改善策を検討し、上長と新入社員それぞれが、おこなうべきことを実行するように対処します。

■2か月～3か月
試用期間の満了前に「ギャップ解消ワーク」を実施する

多くの企業は、試用期間を3か月と定めています。もし2か月目で大きなギャップが顕在化して問題があると判断されたら、残りの1か月でギャップを解消するために丁寧な面談指導をおこない、改善を図ります。本採用の可否は、その結果をもとに判断することになります。

このとき、簡単な「ギャップ解消ワーク」を実施すると、課題や解決法が明確になります。「ギャップ解消ワーク」では、以下の作業をおこないます。

①会社がその新入社員に期待しているミッション（使命・任務）を箇条書きにする
②新入社員が「自分がはたすべきミッション」と考えているものを箇条書きにさせる
③ふたつを突き合わせた結果、明らかになったギャップを書き出す
④ふたりで対話をして、それらの解決策を書き出す
⑤ミッションが合致しているものについては、期待値を満たしているかを確認する
⑥実行することの優先順位をつける

このワークによって、「新入社員が自分に過剰なミッションを課してストレスを感じていた」「上司が期待するミッションを明確に伝えていなかった」「ミッションは合致していたが、動き方が適切でなかった」など、さまざまな問題やその原因を知ることができます。

この後は結果にしたがって、双方が解消法を実践し、ギャップ調整を入社3か月（試用期間の満了時）までに終えるよう目指します。

■6か月〜8か月
ギャップ顕在化の第2波に再び「ギャップ解消ワーク」で対応する

多くの場合、ギャップ顕在化の第2波は、入社6〜8か月に発生します。この時期には、大きなギャップは解消されているかもしれませんが、業務のやり方の違いなどについて、周囲から不満や不安が生じるケースがみられます。

また外部の人材を管理職や役員に据えたケースでは、その部下となった社員たちは、当初は様子見で、不満をもらすことは少ないですが、6〜8か月ともなると社内であれこれと評価が囁かれるようになります。これをすくい上げ、両者に適切に対処します。

問題がある場合は、このタイミングで再び「ギャップ解消ワーク」を実施する必要があります。

■ 12か月

わかりやすい成果を出させて精神と所属の安定化をはかる

入社後、1年近く経過する頃には、ギャップ退職の心配はないと考えるかもしれませんが、新入社員は不安定な気持ちでいることがあります。1年という節目で身の振り方を考えることも多く、油断はできません。

退職を防ぐためには、この時期になんらかの成果を出させ、達成感と安心感を持てるようにさせることが、ひとつの目安になります。一般的に、入社1年くらいでわかりやすい成果が出せていないと、肩身が狭い、会社の中で居場所がないと感じるようです。そのため、この時期までに成果が出せるよう、前もって仕事・目標を与えておきます。

それは、「当人の強みをもっとも活かせる仕事は何か?」という視点で決めるとよいでしょう。たとえば、この新入社員が年間MVPをとるとしたら、どんな業務を任せればよいのかを考え、「ベスト○○賞」を想定してみれば、この目的を達成しやすくなるでしょう。

新入社員は「ベスト○○賞」など精神的報酬の形で努力を認められ、それが社内に告知されると、「これで安心してこの会社にいられる」「自分の居場所はここだ」「この会社なら成長できる」と感じ、気持ちも所属の意思も安定することが期待できます。

以上のプロセスを1年かけて導くうえでは、入社後、早い時期にEQ面談を実施し、会社と本人が「現状」と「目標」「改善策」を共有しておくことが強力な支援となります。

退職に直結する3つのリアリティショック

①ミッションに対する能力のギャップ（能力が低すぎる場合／高すぎる場合）

リアリティショック（新入社員が、入社前に仕事に対して抱いていた理想と入社後の現実とのギャップにとまどう状態）を生じさせるギャップのうち、もっともしばしばみられるものは、会社が求めるミッション（使命・任務）と新入社員が提供する能力のギャップです。

この能力ギャップは、新入社員の能力が低すぎる場合、高すぎる場合、いずれも問題になります。

わかりやすいのは、新入社員の能力が低すぎる場合です。たとえば3か月規模のプロジェクト・マネジメントしか経験していない人に、長期のプロジェクトや要件が複雑なプロジェクトを任せてしまうと、納期の遅延、品質の低下などが起きてしまいます。

逆に新入社員の能力が高すぎる場合は能力を持て余してしまい、達成感や成長実感が得られないため「この会社に自分がいる意味はない」と感じ、退職を考えることもあります。また上司より新入社員の能力が優れていると、越権行為をするなど、感情的な軋轢を生むケースもみられます。

このような事態になると、対応策の実行も容易ではありません。能力が低すぎる場合、企業が特別にコストをかけて必要なスキルを習得させなくては戦力になりません。多くの場合は、社員のほうから「ついていけない」と退職を申し出てきますが、これは両者にとって不幸なことですから、予防する必要があります。

能力ギャップに対する唯一の予防のチャンスは、採用時です。面接の際、過去の実績などを聴取するだけでなく、実務のサンプルケースを取り上げて、一歩踏み込んで具体的な能力を探り、自社にふさわしい能力を持っているかを判断する必要があります。

また入社後に能力が高すぎることが判明した場合、その社員に退職されないようにするには、難易度の高い仕事を与えることが必要です。ミッションの難易度を上げる方法はシンプルです。たとえば同じ業務でも、納期を少し短縮するだけで難易度は上がります。

作業を与える側は、「相手の能力レベル」と「仕事の難易度」を適切なバランスに采配する工夫が必要になることを理解しておきましょう。

②事業に対する興味があると思って入社したが、興味を持てなかった

このような新入社員は、入社後に自分がどのような仕事をするのか、十分なシミュレーションができていなかった可能性が高いと考えられます。そのせいで、入社してみたら面白くなかった、自分には合わないと気づき、ショックを受けている状態です。

興味を持てないと、仕事をつらいと感じるだけでなく、業務の質が低下する、納期が遅延す

る、スキルが向上しないなど、企業としても損害を受けることになります。また、退職につながるリスクが非常に高くなります。

こうした事態を防ぐには、採用時に、本当に自社の事業に関心があるかを慎重に見極め、もし不安な場合は採用しないことです。ただし、入社後に発覚した場合は、退職を回避するため、解決策を講じます。

解決策は、本人にやりがいや楽しさを実感してもらうことを考えます。たとえば事業に関する情報、とくにユーザーの喜びの声や自社のよい評判をしっかり伝え、事業の価値を理解させ、興味や関心を盛り立てます。

とくに制作担当者など、外に出てユーザーや取引会社と接する機会が少ない社員は、目の前の作業に追われるばかりで、自分が関わっている事業の意義や価値を自覚しにくい環境に置かれています。そこで、他社の評価や感謝の気持ち、事業の成果などを伝え、「あなたは、この高い評価を受けている事業の担い手です」「あなたがおこなっている作業は、価値ある事業の大切な一部です」「あなたが、この高い評価を得ている当事者です」ということを、言葉にして明確に伝える機会を持つとよいでしょう。

③待遇面（役職・年収・ストックオプション・働き方）のリアリティショック

待遇面におけるリアリティショックでしばしば耳にするパターンは、「役職に就けると思って入社したのに、当てが外れた」「年収が期待した額よりかなり低かった」「リモートワークを認めるという話だったのに、週3日は出社を求められる」などです。

また最近では、大手企業や外資系企業からスタートアップ企業への転職に際して、面接時に「ストックオプションで○○○株付与します」と言われていたのに、入社したら「状況が変わった」と約束を反故にされたというケースも耳にします。

これらは条件、待遇が曖昧なまま入社してはみたが、実際には期待したものが得られないパターンで、企業側、受験者側の双方に責任があります。待遇については、面接時に具体的に聞きづらいという声もありますが、詳細を詰めておくべきでしょう。

この種のギャップが発生した場合は、新入社員のモチベーションが著しく低下し、即座の退職につながるといえます。

「リアリティショック」に振り回されない効果的なふたつの方法

①リアリティショックは「起きて当たり前」と理解する機会を作る

リアリティショックを受けている新入社員は、「こんなはずではなかった」「期待と違う」「この会社で働いていていいのだろうか」など、ギャップのある現実と、自分のネガティブな感情に意識を集中させてしまい、一種の視野狭窄に陥っています。そして「自分には特別な問題が起きている」と過大にとらえる傾向があります。

しかし実際には、新入社員は多かれ少なかれ、リアリティショックを受けるものです。そこで上長から本人に、「新しい環境に移れば、何らかのギャップを感じるのはごく当たり前のことですよ」と話し、理解してもらうと、退職などの性急な行動を防ぐことにつながります。

また注意が必要なのは、リアリティショックを受けていることを上長が察知せず、当人も口にしないため、心の中で秘かに深刻な問題意識を抱えたまま仕事を続けているケースです。個別ミーティングを重ねても本人が伏せているので、当人が退職を申し出るまで、上長はショックに気づくことができません。

基本的に、新入社員が本音を話せる関係を構築する必要があるのですが、相性や本人の性格によっては、かならずしもオープンな対話ができるとは限りません。そこで上長は、ミーティングによる対話だけでなく、周囲の同僚から評判を聞き取ることが必要になります。

②リアリティショックを感じ始めた際の態勢づくり

新入社員がリアリティショックに悩んでいることがわかったら、上長は個別ミーティングでケアをするとともに、周囲の同僚たちへの働きかけをおこないます。

ギャップは新入社員だけが抱くものではなく、経営者、同僚など企業側も「期待していたような人ではなかった」「思うように動いてくれない」など、ギャップによって感情を乱すことがしばしばあります。

上長は、失望感、イライラ、怒りなどを感じている同僚たちに対して、中立的な立場で事態の収拾に努めます。よかれと思って、一方的に新入社員の肩を持つケースがありますが、これは組織内の感情的な問題を悪化させる可能性があります。

同僚たちに対して上長が最初におこなうのは、聞き取りです。事実関係を把握し、また彼らの感情を受け止めます。その上で、彼らに対して「新入社員が入れば、ギャップが生じるのは当たり前のこと」「問題児が入社したわけではない」と理解させます。

また誤解や思い込みが原因で軋轢が生じている場合には、誤解を解くため両者の橋渡しをします。さらに同僚たちに対して、新入社員にどのように対応するべきか推奨行動と禁止行動を指示したうえで、「自分も新入社員への対処をおこなう」と約束をします。

上司はこうしたことを繰り返し、両者の間のクッション（緩衝材）としての役割と、橋渡しの役割をはたします。

3-6 【昇給昇格・評価制度】社員の誇りに関わる制度を改革する

時代遅れの昭和式制度からの脱却

ビジネスパーソンにとって、昇給昇格制度とその重要な根拠のひとつとなる評価制度は、会社への信用・信頼、モチベーションを左右する重大なテーマです。これを適正におこなわないと、パフォーマンスの低下や離職に直結します。

これは、ポストやおカネへのこだわりが強いために生じているわけではありません。ビジネスパーソンとして、人間として、もっとも重要な「誇り」という感情に関連しているのです。ひとりの人間の価値を評価するということは、それだけ重大な結果を招きます。

よって、妥当性・信頼性・公平性などの要素を担保した、適切な制度にする必要があります。中小企業がしばしば陥りがちな、誤った判断基準のパターンを3つ挙げましょう。

◇昇給や賞与を検討するたびに、社長が独自の判断で決めている。判断の根拠が不明瞭で、しばしば変わり、社長自身が判断基準を忘れてしまう

◇前回の給与、賞与額を基準に金額を決める。対象となる評価期間の成果にかかわらず、一律で「現状維持」や「2%アップ」などと決めてしまう

◇中途入社した社員の給与・賞与を、前職での支給額を基準に決定する。本人の実力や、会社が求める仕事、役割の達成度に関係なく、前職水準の給与を与えてしまう

妥当性・信頼性・公平性を重視した基準を策定し、誤った判断ができない状況を作ることが最優先事項です。社員たちが「昭和から使い古されてきた評価制度をいまだに使っているなんて信じられない」「結局は役員の好みで決まるのか」と感じるような制度のもとでは、パフォーマンスアップは期待できません。

人事評価制度の問題は社内だけに収まらず、社会からの信用を失墜させることにもつながりかねません。人材の流動が激しい現在、企業の内部事情は、経営者が思っているより筒抜けの状態です。

多くの退職者は「本当の離職理由」や「社内事情」について、マナーや信義上、口をつぐんでいます。しかし、結局は親しい人に打ち明け、その後は情報がどんどん広まっていきます。また匿名のSNSアカウントで告発したり、ぼやいたりするケースもみられます。

そういった話題のうち、世間の信用をもっとも失いやすいのが、「経営者の品格に関わる、好ましくないふるまい」と「不適正な給与制度・評価制度」です。

合理的で納得が得られる制度の策定は、企業規模にかかわらず経営の必須事項です。

昭和時代は、年齢に沿った昇格昇給が一般的でした。しかし現在は、人々の価値観も求められる能力も、大きく様変わりしています。それを踏まえるなら、月給は能力で決め、賞与は成果で決めるというシステムが、基本的に納得されやすいでしょう。そして私はこの能力査定に、ＥＱを含めるべきだと考えています。

従来の査定システムでは、資格・技能などビジネス要件はみるものの、感情能力に対する評価を怠ってきました。このような状態では、時代が求める人材を採用、育成することはできません。その点、ＥＱの「8つのコンピテンシー」は、ビジネスで有用な能力を測る指標になります。

納得感、公平感のある制度を担保しつつ、成長する組織づくりにも役立ちます。

外部人材を実績がないまま役員登用すると起きること

多くの企業が終身雇用制度から舵を切り、近年では人材の流動が活発です。そのため外部から採用した人の給与やポストを決める機会が増え、頭を悩ませている経営者も多いと思います。

昇給昇格には、「実績が出てから昇給昇格をする」「実績が出る前に昇給昇格をする」というふたつのパターンがあります。

実績を出した後に昇給昇格を実施するのは、もちろん「実績への報酬」です。一方、実績を出す前に昇給昇格させるのは、「役職に就けて能力アップさせるため」「モチベーションアップのため」という会社の思惑からです。

どちらにも、それなりの理由がありますが、やはり昇給昇格は「実績への報酬」とすべきです。社員のモチベーションアップのための昇給昇格は、一時的な効果に留まる場合が多いでしょう。モチベーションアップには、別の方法を模索したほうがよいと考えます。

ただし、役職を利用して一定の効果を出すことは可能です。

ひとつの策は、「代理」「副」「サブ」とつけた役職を作ることです。この言葉からは○○未満、という印象がもたらされます。そのためこの言葉が役職名についた人は、「何としても代理から抜け出したい」「いつまでも副職のままではいたくない」と奮起し、それがひとつのモチベーションになることもあります。

また類似したパターンでは、執行役員に置いて「取締役になりたい」という強い思いを喚起し、それをモチベーションにつなげるケースもあります。制度として確立したうえでおこなうのであれば、ひとつの有効策となるでしょう。

そもそも、会社の判断はすべてにおいて合理的になされるべきです。給与はもちろん、役職についても要件を明確に定める必要があります。

役職に関する問題パターンのひとつは、役職を餌に採用するケースです。

大手企業や外資系企業で豊富な経験を積んだ人は、スタートアップ企業にとって魅力的な人材です。そこで執行役員や取締役などの役職に就ける条件で外部から迎え入れるケースがしばしばみられますが、入社後、すぐには成果が出るものではありません。社長はそのつもりで様子をみていますが、現場の社員たちはそうはいきません。

社員たちは、そもそも外部から突然やってきた人物が、たとえ立派な経歴があるにしろ、特別な待遇を受けていることに不満を持っているので、評価の目が厳しくなっています。そして次第に現場の社員同士で「○○さんは能力が不足している」「役割をはたしていない」など不満が語られるようになります。

そのうち、具体的な問題点が社員たちの中で収集され、それを社長の耳に入れるようになります。社長は同様の声が複数届いてはじめて、決して十分とはいえない彼の働きぶりを知り、社員たちに悪影響がおよんでいる事実を把握します。社長としては、これを放置しておくわけにはいきません。そこで事態を収拾するため、現状を調査した上で降格、減給を言い渡します。

このとき、当人は役職を解かれるとは考えてもいないため、受け入れることはできず、感情的なトラブルに発展します。そしてほとんどの場合、退職することになりますが、気持ちは収まりません。するとSNSで「採用時の約束を反故にされた」など、不満を公言します。昭和時代は陰で文句を言うものでしたが、いまは正面から、またはSNSなどで文句を言います。もちろん会社としては大きなダメージを被ります。

実はこのような構図はしばしば存在します。防ぐためには採用時、安直な考えで役職を条件にしないこと。社内の昇給昇格の要件や評価制度を詳細に固め、社員たちが会社の決定に納得できるようにしておくこと。そしてそれを厳密に運用すること。さらにＳＮＳを使用する際のガイドラインや守秘義務事項の策定が大切です。

私はビジネスにおけるすべての活動を最適化する秘訣は「感情マネジメント」にあると実感しています。経営者や管理者はもちろん、働くすべての人がＥＱを実践すること、そして組織運営の要所でＥＱを活用することによって、個人の能力も会社の成果も最大化することが可能になると確信しています。

エピローグ

感情が人をつくる

コミュニケーションひとつで人は育つ

効能たっぷりの「ほめ言葉」というギフトを贈ろう

エピローグでは、ここまでの議論を踏まえて、コミュニケーションの問題とセルフマネジメントの問題を取り上げてまとめとします。

人は誰しも、自分の存在意義を認めてもらいたいという欲求を抱いています。この欲求は職場ではとくに強くなり、満たされた場合には困難にあっても意欲を持ち続け、成長のため努力をし続ける力になります。

反対にこれが満たされていないと、頑張る甲斐がない、この会社にいても意味がないと感じ、何かアクシデントやトラブルが起きたことをきっかけに、退職につながることもあります。実際に、退職に至った多くのケースで「この会社では自分を認めてもらえない」と確信したことが、決断の決め手になっています。

存在意義を認め、それを本人に伝えるには、ほめるべき場面でほめることが重要です。ほめることには、さまざまな効能があります。

◇相手に、自分は理解されていると実感させることができる
◇ほめ言葉は相手にとってひとつの報酬になる
◇相手が好意を受けた気持ちになり、好意を返してくれることにつながる
◇相手がよい評価を受けたと理解するので、自信を向上させることにつながる
◇きちんとほめる人は接しやすいので、周囲が相談・報告などをしやすくなる
◇職場のムードが好意的になり、一体感が高まる
◇オープンな雰囲気の職場になり、コミュニケーションが増え、ミスが減る
◇ほめられると「あの人は自分を理解してくれている。あの人の期待を裏切らないようにしよう」という気持ちになり、モチベーションが上がる
◇相手を仕事の上でも、人間的にも成長させることにつながる

ほめることには多様な効能があるとはいえ、ただほめればいいというわけではありません。ほめ方を誤ってしまうと。かえって相手の気分を損ねたり、「自分のことを何もわかっていない」「口先だけのリーダーだ」など、信頼を失うことにもつながりかねません。

次に挙げるような、ほめ方の基本的なルールに留意して、本心からの言葉で気持ちを伝えるよう心がけることが必要です。

■事実を、できるだけ具体的にほめる

↓「よかったよ」「よくやった」などの漠然とした言葉ではなく、「先ほどの対応は臨機応変で素晴らしかった。君らしいセンスだね。僕にはできないことだ、助かった」など、事実を細かくほめます。この「事実」であるという点が重要で、せっかくほめても指摘が的外れだと、効果がないどころか、あなた自身への信頼感もそこなわれます。

■「相手の行為」と同時に、「相手自身」をほめる

↓ほめるきっかけは相手がおこなった行為に対してですが、結論としては「そんなあなたが素晴らしい！」とします。ほめる対象はあくまでも、その行為をおこなった「その人自身」です。

■会話の自然な流れでなく、主題としてほめる

↓日常会話では、仲間同士、友人同士がお互いをほめ合うような場面があります。こうした会話のやり取りも楽しくてよいものですが、相手にほめられた後にほめ返すと、たんなるお返しのように聞こえてしまいます。本当にほめたいときは、会話の流れで伝えるのではなく、わざわざ足を運んだり、わざわざ連絡をとって、ほめることを会話の主題とします。

■おだてず、媚びず、ほめる

↓「おだて」は事実でないことを讃える行為、「媚び」は相手に好かれようという目的のためにおこなう行為です。本心から事実をほめるのとは異なり、関係を悪化させる効果しかありませんので厳に慎みます。

上手に叱るのはリーダーの必須スキル

リーダーであれば、部下に注意する機会は頻繁にあります。ところが自己主張が苦手な人、性格がやさしい人、他人の痛みに共感的な人、他人に関心が薄い人は、これが苦手です。叱るべき場面でも叱れないのでは、よいリーダーとはいえません。

部下を叱る際に心得ておきたいポイントをまとめておきましょう。

◇叱ることとは、相手への攻撃、他人を傷つける行為という誤った思い込みを正す

◇上手に叱ることができれば、相手はダメージを受けず、モチベーションを上げ、成長を促進することができると意識する

◇効果的に叱るために、真剣さとともに、理解・共感・思いやりの心を持つ

◇叱る側と叱られる側が対峙するのではなく、両者が手を取り合い問題に対峙するイメージで接する

誇りを傷つけず意欲を持たせる「部下への注意」

注意はする側もされる側も、基本的には気が重いものです。しかもうまくいかなかった場合、感情的なしこりを残して関係性が悪化したり、その後の仕事への意欲に悪影響を及ぼしたりします。そのため、以下の基本的なルールを意識しておこなうとよいでしょう。

◇ごく短い時間ですませる
◇感情的に怒るのでなく、理性的に叱るのだと自分に言い聞かせる
◇あらかじめ注意する事柄を箇条書きなどにして整理しておき、「叱りすぎない準備」をする
◇頭から否定・非難するのではなく、まずはじっくり相手の考え・気持ち・事情に耳を傾ける
◇ほかの案件や、以前のミスなどを、決して引き合いに出さない
◇ほかの優れた人の例を、決して引き合いに出さない
◇理詰めでとことんまで追い込まず、ゆとり（逃げ場）を作っておく
◇人格攻撃をするのではなく、あくまでも相手の行為を叱る
◇注意するだけでなく、アドバイスや励ましなどの要素を入れる
◇一緒に解決策を考え、見守っていく姿勢を示す

◇最終的に相手がやる気を取り戻すよう導く

どのルールも重要ですが、ほめ方とは正反対のルールがあります。ほめる際には、その人の「行為」だけでなく、「その人自身」をほめますが、叱る際にはその人の「行為」だけを叱り、決して「その人自身」を叱らないという点です。

厳しい注意を申し渡すときには、「君は無責任だ」「誠実さが足りないんだよ」など、「その人自身」を対象にするのではなく、「あのときのあの行為は、非常に大きな問題だ」と「行為」そのものを対象にします。

これは相手の感情に配慮する目的もありますが、本当の狙いとしては、よい行為の場合はその人自身と一体にしたイメージで本人にフィードバックし、悪い行為の場合はその人自身から切り離したイメージでフィードバックする意図があります。潜在的なイメージの効果を利用して、行動修正に役立てる手法です。

失敗を成長のまたとない機会にできるかどうかは、リーダーの言動にかかっています。同時に、このような感情を刺激されやすい場面でのリーダーのふるまいが、信頼関係を大きく左右するのです。

セルフマネジメント能力を伸ばすコンピテンシー

自分のモチベーションを喚起する3つの秘訣

優れたリーダーは、部下たちに自分で自分をマネジメントできる力を身につけさせます。つねに手取り足取り指導するのがよいリーダーではありません。

とりわけ重要なのは、部下のモチベーションを喚起することです。

8つのコンピテンシーのうちの「内発的なモチベーションの形成」「楽観性の発揮」「ノーブルゴールの追求」の3つは、モチベーションの形成や維持に深く関連します。

それぞれの基本的な知識をまとめておきましょう。

①内発的モチベーションを発動させ、「自分を動かす社員」にする

内発的モチベーションは、社員たちが日々の仕事に集中して取り組み、着実に成果を上げながら成長していくための能力です。また彼らがストレスと無縁な状態で、精神的な喜びや満足感を得ながら仕事をするうえでも、大きな効果があります。

〔内発的モチベーションと外発的モチベーションの違い〕

内発的モチベーション……強い興味、関心、好奇心、探求心、やりがいなど、人の内面的な要因による動機づけ。あらゆる種類の仕事に有効

外発的モチベーション……他者からの評価、報酬、懲罰、強制力など、外部からの働きかけが要因となる動機づけ。「正解がある仕事」「定型業務」に有効

〔内発的モチベーションのメリット〕

- モチベーションが長続きする

行為自体が目的となるため、高い集中力とやる気が長期間、持続する

- 結果に左右されない

必ずしも結果を出すことが目的ではなく、純粋にその行為を愛しているため、期待していた結果が得られなくてもやる気が低下しない

- 心の満足度や充実度が上がる

他人から認められないストレスや葛藤がなく、純粋な心のまま好きな活動ができるため、満足度も充実感も高くなる

②楽観思考を意識的に活用させ「伸び伸び成長する社員」に育てる

楽観性はビジネスにおいても人生においても非常に重要な成功のファクターなので、しっかり身につけることが前提ですが、楽観性と悲観性を、それぞれ適切な場面で意図的に発揮することで、両者のメリットを享受することができます。

〔楽観性と悲観性の違い〕

楽観性……希望や可能性を信じて、自分から前向きな展望を持つ能力

悲観性……将来について、何事もネガティブな見通しをする傾向

〔楽観性と楽天性の違い〕

楽観性……物事のとらえ方に関する能力で、後天的に開発することができる

楽天性……その人自身の特性を示す先天的なもので、後天的に獲得することが難しい

〔楽観性のメリット〕

- ストレス耐性が強くなり、心身の健康が保てる
- モチベーションを保てる
- 経済的な豊かさを実現する可能性を高める

〔楽観性と悲観性の発揮するべき場面〕

楽観性……革新的な発想をするとき、意欲を高めるとき、スタートを切るとき、障害に対処する場面など

悲観性……ネガティブシミュレーション、緻密なリスク対策の実行など

②ノーブルゴールを見出させて「長期的モチベーションを発揮できる社員」にする

ノーブルゴールとは、自分は人生を通じてどのような人間になりたいか、自分らしさを最大限に発揮した生き方はどのようなものかという、崇高で明確な目標です。具体的なノーブルゴールを心に抱いた人は、揺るぎないモチベーションを維持しながら、やりがいと喜びを持って目の前の仕事に取り組み、寄り道や無駄足を踏むことなく、真っ直ぐゴールに向かいます。

この遠くに置いた大きな目標が明確になっていれば、あらゆる選択を、この目標達成を視野に入れておこなうことができます。人生の大きな目標を意識せず、日々を無為に過ごす場合とくらべると、最速かつ確実に目標達成を助けることになります。

ところがノーブルゴールを自覚している人は、ごく少数です。おそらく自分のノーブルゴールを見出すことができず、現役時代を終えてしまう人が半数以上だと思います。これは残念なことですが、ビジネスパーソンはつねに眼前の仕事に追われ、自分のことについて時間を設けて考える機会や、第三者を交えて話す機会がないためでしょう。

ノーブルゴールを設定すると、自分が本当に向いている仕事、つまり自分がもっとも得意としていて、それをおこなうことにもっとも深い喜びを感じる仕事を見出すことができます。

たとえば、マネジメントが自分に向いていると考える人が、ノーブルゴールを見つけるためのプログラムを受けた場合、これが本心であるか徹底的に掘り下げていきます。

マネジメントとひと口にいっても、迷ったり悩んだりしている社員をサポートする業務もあれば、戦術を立案する業務もあります。それらのどれにやりがいを感じているのか、そしてそれはなぜなのかを探っていきます。

そうして突き詰めると、「人と話すことが好き」「困っている誰かの話を聞いて、助けになってあげることが好き」「そういえば子どもの頃からそうだったし、得意だった」と判明することがあります。こうなると、その人の本質、本心にもっとも合った仕事は、マネジメントではないかもしれません。

ノーブルゴールの設定は、ビジネスパーソンとしてもひとりの人間としても、この上なく力強い熱意の源泉を手にすることにつながります。ノーブルゴールの設定によってもたらされるモチベーションは強力で、安定的で、持続性があり、ほかの要因から生み出されるモチベーションとは比較になりません。経営者やリーダーはもちろん、すべての方々に実践していただきたいテーマです。

役割意識を持たせて「課題発見」「解決行動」力をアップする

上司から指示をされないと動かない「指示待ち社員」。「自発的に動くよう、さんざん指導したのに変わらない」と嘆いているリーダーがしばしばみられます。

このような人を変化させる有効な方法のひとつが「役割意識を持たせること」です。

通常、人は自分の仕事を「タスク視点」で把握しています。たとえばプロジェクト・マネジャーなら「統合管理」「品質管理」「進捗管理」「コスト管理」「調達管理」「人的リソース管理」などのカテゴリを把握し、さらにそれぞれのカテゴリでどのようなタスクをおこなうかを整理して理解しています。もちろん、これは欠かせない視点なのですが、実は同時に「役割視点」でも理解しておくことが非常に重要です。

たとえばプロジェクト・マネジャーの例では、場面によって「目的に向かってメンバーのモチベーションを上げ推進する」「中立的な立場で関係者間を調整する」「緻密なチェックをおこない指示を出し、完全性をもって遂行する」などいくつもの役割があります。これらをさらにシンプルにすると「推進役」「調整役」「監査役」となります。

このように自分の役割を明確に言語化して意識すると、「推進するために何をするべきか」「どのような方法があるか」と考えることができ、おこなうべきタスクをさまざまに発想することができるのです。

この方法はどの立場の社員にも有効です。役割意識を持たせると、曖昧な業務指示を受けた場合でも、自発的に全体を見て、他者とうまく連携をとりながら動くことができるようになります。「指示待ち社員」が、指示がなければ動けなかった理由のひとつは、タスク視点しか持っていなかったためです。自分で考え動くための枠組みとして、「役割」の視点を与えることで、行動の変化が促されます。

これを実現するには、役割を見出し理解する機会を、特別に用意することが重要です。

研修、もしくは個別面談で丁寧なワークをおこない、「マネジャーの役割って何だろう」「ではリーダーシップとは何だろう」と、自分の仕事の意味、役割を深く考えさせます。そして明確になった役割を特定の言葉やフレーズにして、本人がつねに思い起こせるようにしておきます。さらに、この役割を担ううえで、何をするべきか、何をしたいか、何ができるかを考えさせます。

このように自分の仕事を役割視点で理解し、深く納得できると、その後の動き方が明確に変化します。役割視点を持たないと、「タスクを片づけていけばいいだろう」というとらえ方から抜け出せず、自発的な行動に結びつきにくいのです。役割の言語化ができていない会社は、緊急課題として実行することをお勧めします。

「アサーティブ・コミュニケーション」で成長が加速する

仕事上で他者の問題を発見したとき、それを指摘し、改善させるのは難しいタスクです。

言い方をひとつ間違えただけでも反発を生んだり、心を傷つけたり、信頼関係を壊してしまったり、後に問題を引きずる事態を招いてしまうこともあります。そのため問題があまり深刻でない場合は、発見者が面倒に思い、あえて見て見ぬふりをしてしまうケースもみられます。

このような風潮や習慣が広がると、会社のあらゆる業務の質は一気に低下し、ミスや事故を頻発させたり、より大きな問題を招いてしまうことにつながります。

その点、役割意識が明確な社員は、「これを解決するのは発見した自分の仕事だ」と考え、行動に移します。役割視点で考えることができると、「このタスクはやりたくない」と避けることがなくなり、「この役割をはたすために、いちばんいい方法は何だろう」と考え、自分にとっても相手にとっても、そして何より会社にとって最善の手段を考えることができます。

問題を発見した際にはたすべき目的は、相手を無駄に傷つけることなく問題を指摘し、納得させ、最終的には改善のための行動をとらせ、前向きな気持ちを持たせることです。

役割意識があれば自然ととれる行動ですが、ひとつの推奨すべき行動パターンとして、社員たちに「アサーティブ・コミュニケーション」を指導しておくとよいでしょう。これは心理学の知識を活用した対人コミュニケーションの手法で、「相手も自分も尊重したうえで、主張するべきことを主張するコミュニケーション」のことを指します。

日本では「言うべきだけれど言いにくいこと」を、言わずにすませてしまうケースが多くみられます。言いにくいのは「相手に嫌な思いをさせたくない」「気まずい関係になりたくない」などの理由があるためですが、そうであれば相手に嫌な思いをさせず、気まずい関係にならない方法で伝えればよいのです。

このことをきちんと理解しておけば、自分がおこなうべき要求や述べるべき意見を遠慮することも抑制することもなくなります。ビジネスシーンでは非常に役立つスキルとして高く評価され、現在は企業を中心に、学校などでもトレーニングが実践されています。

アサーティブ・コミュニケーションを活用して部下を指導・注意するときには、以下の点に留意します。

◇感情的にならず、言葉選びにも注意する
◇相手の事情や考え、気持ち、事の経緯など、背景についてよく話を聞く
◇相手の人格を否定せず、相手の行為だけを否定する
◇指摘だけですませず、一緒に解決策を考える

では、具体的にどのようなコミュニケーションであるか、『ドラえもん』のキャラクターで

説明します。

【ジャイアン】
自分の意見を押し通す→攻撃型のコミュニケーション
【のび太】
相手の意見にしたがってしまう→ノンアサーティブなコミュニケーション
【しずかちゃん】
ジャイアンの気持ちを汲み取りながらも、言うべきことを主張する→アサーティブなコミュニケーション

このしずかちゃんの対応がアサーティブ・コミュニケーションです。ジャイアンが無謀な要求をして圧倒的に悪い場合でも「気持ちはわかるけど」と寄り添い、ジャイアンを尊重しながら、ピシャリと厳しい意見を伝えます。

現実にはのび太タイプが多いようですが、アサーティブ・コミュニケーションを実践することで、関係性の悪化を防ぐことができ、また正しい判断や行動、ストレス軽減につなげることができます。

アサーティブ・コミュニケーションに役立つ対話法として、イスラエルの心理学者・ハイム・G・ジノットが提唱しているスタイルを紹介しましょう。「事実」と「要望」だけを相手に伝えるのではなく、「感情」を客観的な言葉で冷静に伝えることで、事態と関係性を改善に導く方法です。

ここでは「X＝事実」「Y＝感情」「Z＝要望」と設定します。しばしばみられる、好ましくないコミュニケーションと、ジノット式のコミュニケーションの対比です。

〔X＋Z〕　「その言い方、やめてほしい」

〔X＋Y＋Z〕　「いま、○○と言いましたけれど（X）、
　私としては○○な気持ちになりました（Y）。
　こんなときは、○○な伝え方をしてくれたら嬉しいです（Z）」

たんに事実と要望を伝えるだけでなく、感情をつけ加えた上で要望を伝えたほうが、相手が受け入れやすい傾向があります。また、たとえ相手が受け入れなくても、その人の言動が他者にどのような感情を与えたのかを、本人にフィードバックする必要があります。

たとえば厳しすぎる口調で人を批判する人が「これは相手のためを思って言っている」「相手が悲しかった、残念だったと感じようが関係ない」と考えていたとしても、大勢の同僚から

「悲しかった」「残念だった」とフィードバックされれば、言動を改めようと気持ちが変化することが期待できます。

怒りを怒鳴り声で表現する、悲しみを涙で表現する、などの直接的な表現は、とくにビジネスの場では控えるべきですが、決して感情を伝えてはいけないということではありません。むしろ感情はシチュエーションに合わせ、適切な方法で有効に表現するとよいでしょう。

リモート環境でもサボらない「タイムマネジメント術」を指導しよう

現在は多くの企業でリモートワークが広がり、経営者やリーダーは、社員が何時から何時まで働いたか、集中して作業をおこなっているか、十分にチェックできる状況ではありません。そのような環境下でも、これまでオフィスで働いていたのと同じ時間、同じ集中力で働いてもらうためには、社員たちに自ら時間管理をおこなってもらう必要があります。

しかし、人はサボる生き物です。つねに上司がいるオフィスではなく、自宅で仕事をする環境下では、勤務時間の順守や作業効率の維持は、なかなか難しい実態があります。

普段からセルフマネジメント意識や役割意識の高い社員であれば、怠慢な姿勢にはなりづらいでしょう。しかし、誰かに見られているからサボらず仕事をしているという社員については、自分で律することは期待できません。

そこで放置したままにせず、できれば社員個々人が自分の内発的モチベーションを維持できるよう、セルフマネジメントを指導することが大切です。

ただし内発的モチベーションを生み出すためには、仕事において、自分の興味、関心、探求心を強くかき立てるポイントを見出すことが必要です。これは独力では難しく、丁寧な個別面談やワークショップなどが必要です。

インスタントな対応策としては、自宅での働き方に関してそれぞれ自分のルールを決めてもらい、それをオープンにしてもらうとよいでしょう。自分のルールを書面にして上長に提出させるという堅苦しいスタイルでなく、複数の社員を集めて「働き方ミーティング」をオンラインで開く方法があります。

そのミーティングで「お酒を飲むのは何があっても18時以降」「ランチ後に決して昼寝をしない」「犬にねだられても定時になるまで散歩に連れて行かない」など、決意を宣言し合う方法をとれば、和やかな雰囲気のなかで同僚同士が見守り合い、支え合う意識も育ちます。

もし、そのような方法で改善が望めないようなら、就労のログを入れ、時間単位で何をしたかを記載した日報を提出してもらい、その日の成果物も共有するようにします。

働き方が大きく変化したことに合わせて、自分はどう行動するべきかを社員一人ひとりが再定義する必要があります。リモートワーク時代に即したルーティンワークの見直し、最適化を自身で再構築するよう、セルフマネジメントの推進をはかっていきましょう。

おわりに

ＥＱを導入された企業では、大小のさまざまな変化が起こります。その変化は、実にダイナミックで目を見張るようなものです。

ＥＱには、対象となる領域にも効能にも、限りがありません。

社内のムードや人間関係がポジティブに変化し、仕事への意欲や一体感が高まる。

社員が自律的に動くようになり、これまでの限界を突破したパフォーマンスを実現する。

リーダーやマネジャーが、きめ細やかで実効力を持ったマネジメントをおこなうようになる。

経営者がよりクリエイティブで精度の高い意思決定を実現し、確かな自信を持って社員を牽引し、会社を発展させていく――。

ＥＱの導入によって個人や企業が変貌を遂げ、伸び伸びと成長への道を歩んでいかれる姿は、まさに感動的なドラマです。その姿を拝見し、そこから学ばせていただくことは、伴走者としてご支援する私にとって本当に嬉しく幸せなことです。

とはいえ私自身、はるか遠くまで続く、成長の道の途上にいます。新しいことに挑戦しては失敗し、恥ずかしい思いを日々、重ねていますが、それでも過去の自分より少しずつ成長できているという実感が、先へと進む勇気になっています。

本書の冒頭でお伝えしましたが、私は問題解決の請負人です。個人や企業の問題を取り除いていくことが使命であり、喜びです。その立場からＥＱの有用性を深く確信しているのですが、残念なことに、日本での普及はいまだ十分とは言えません。

しかし、私がこれまでに培ってきたＩＴと経営のスキルをＥＱに統合し活用することで、この状況をブレイクスルーすることができるはずだと信じています。

「ＩＴ×経営×ＥＱ」を駆使して、日本のあらゆる企業の問題解決をダイナミックに進めていくこと。それとともに、将来的には高校や大学へのＥＱ導入を推進して、いじめや衝動から引き起こされる犯罪を、この世から失くしていくことに貢献したいと考えています。

本書はそんな想いを持ちながら、経営者やリーダーの方々に、私が得た知識や経験を精一杯にお伝えしたものです。

ＥＱを学ぶうえでは、シックスセカンズ®ジャパン株式会社の代表取締役である田辺康広さんから、惜しみなく知識を与えていただき、また成長を導いていただきました。さらに本書を執筆するにあたり、同社取締役の勝又美江さん、須澤知史さんからもご助力をいただきました。そして、本書をご推薦いただきました「あしたのチーム」創業者の高橋恭介さん。この場をお借りして、心から感謝申し上げます。

また私を信じてＥＱ導入を決意し、ともに歩む機会を与えてくださった顧問先企業の皆様からも、たくさんの経験と貴重な学びをいただきました。心から御礼申し上げます。

本書を手に取り、ここまで読み進めてくださった皆さんが、ＥＱによって豊かさと力強さを得て、意気揚々と目標に向かって前進されることを、心より願っています。

２０２３年、春

株式会社グロースウェル代表　大芝義信

参考資料

- 『ＥＱ こころの知能指数』 ダニエル・ゴールマン著／土屋京子訳／講談社＋α文庫
- 『ＥＱリーダーシップ』 ダニエル・ゴールマン、リチャード・ボヤツィスほか著／土屋京子訳／日本経済新聞社
- 『ＥＱマネージャー』 デイビッド・Ｒ・カルーソ、ピーター・サロベイ著／渡辺徹監訳／東洋経済新報社
- 『ＥＱ２・０』 トラヴィス・ブラッドベリー&ジーン・グリーブス著／関美和訳／サンガ
- 『オプティミストはなぜ成功するか』 マーティン・セリグマン著／山村宜子訳／パンローリング
- 『共感 心と心をつなぐ感情コミュニケーション』 福田正治著／へるす出版
- 『ハイ・コンセプト』 ダニエル・ピンク著／大前研一訳／三笠書房
- 『世界のエリートはなぜ「美意識」を鍛えるのか』 山口周著／光文社新書

- ＴＥＤチャンネル「やる気に関する驚きの科学」 ダニエル・ピンク／Yasushi Aoki訳／Masaaki Ueno校正／https://www.youtube.com/watch?reload = 9&v = rrkrvAUbU9Y
- 「シックスセカンズジャパン」 https://6seconds.co.jp/
- 「ＥＱバンク」 https://eq-bank.com/

大芝義信（おおしば　よしのぶ）

株式会社グロースウェル代表取締役。1975年八王子生まれ。ビジネス・ブレークスルー大学大学院 経営管理修士（MBA）取得。2001年からITに携わり、楽天、ミクシィ、GREEでキャリア形成。2013年、株式会社AppBank（証券コード:6177）にてCTOとして上場を経験後、2016年、（株）グロースウェルを創業。これまで苦労してきたエンジニア組織まわりの課題解決を他社支援へ。2021年、山梨県大月市DXアドバイザー就任。また個人として国内トップのEQカウンセラーであり、累計500名超のビジネスパーソンに対する実施経験を持つ。著作に『DX時代のIT導入マニュアル』（ブックトリップ社刊）。

組織の感情を変える

リーダーとチームを伸ばす新EQマネジメント

2023年3月1日　初版発行

著　者　大芝義信

発行者　杉本淳一

発行所　株式会社 日本実業出版社　東京都新宿区市谷本村町3-29 〒162-0845

編集部 ☎03-3268-5651
営業部 ☎03-3268-5161　振　替　00170-1-25349
https://www.njg.co.jp/

印刷／三省堂印刷　製本／共栄社

ISBN 978-4-534-05990-1　Printed in JAPAN